大都會文化
METROPOLITAN CULTURE

大都會文化
METROPOLITAN CULTURE

職場AQ

Adversity
Quotient

——激化你的工作DNA

序

「成功是誘人的。然而通往成功的道路上卻是荊棘密佈，險象環生，在無以數計的挫折、失敗面前，是勇往直前，還是一蹶不振？」

——旅館業大王希爾頓

▲什麼特質能決定一個人的出路？

▲什麼特質能決定一個人的實力？

▲什麼特質能決定一個人的極限？

▲什麼特質能決定一個人的成敗？

▲什麼特質能決定一個人的奧援？

是ＩＱ嗎？是ＥＱ嗎？事實上，最新的研究指出，逆境商數ＡＱ（Adversity Intelligence Quotient）將是決定一個人職場生涯最終的關鍵所在。人生不如意事十常八九，ＡＱ高的人，不會畏懼退縮、坐以待斃，即使遇到再大的困難都能夠處變不驚、冷靜應對，自然得以在優勝劣敗的職場競技場位居上風。

從踏入社會開始，一個人在謀職、進入企業、熟悉業務、晉升等種種過程中，所必須面對的，就是一道一道的考驗和試煉。國外如是，拚命三郎性格的台灣人更是如此，上班時數居高不下，媒體報導，台灣上班族有五成上班族每天不想上班，工作是生活中最大的壓力來源。其實，這樣的壓力不是無解，你無法改變天生註定的ＩＱ，但你可以改變自己的ＡＱ。當你了解了職場ＡＱ，運用ＡＱ教我們的態度，激化你的工作ＤＮＡ，你將不再被逆境壓得喘不過氣，而能夠駕馭它，使它帶領你樂觀積極的邁向成功。

《職場ＡＱ——激化你的工作ＤＮＡ》談及五種成功的秘訣，「態度」、「效率」、「信念」、「挫折」、「人緣」，「態度」決定了一個新人能否順利成爲職場生力軍，逐夢踏實，「效率」使人在工作中得心應手，「信念」讓人堅定意志，超越自己，達到成功的極限，「挫折、冒險」是幫助人成長並通往成功之路的唯一途徑，此外，單靠自己闖蕩江湖太辛苦了，「人緣」使你能有源源不斷的後援支柱，發揮團隊之力的綜效。

你可以不用再當辦公室中的平凡小角色，被上司同事呼來喚去，陷在沮喪、迷惘，抱怨之中。鍛鍊自己的ＡＱ，當你面對逆境承受壓力，並承受失敗和挫折的能力增強，足以冒險接受挑戰，解決困難，「樂在工作」、「從Ａ到Ａ+」、「與成功有約」的自信光彩將煥發在你身上。

目錄

第一部　態度決定出路

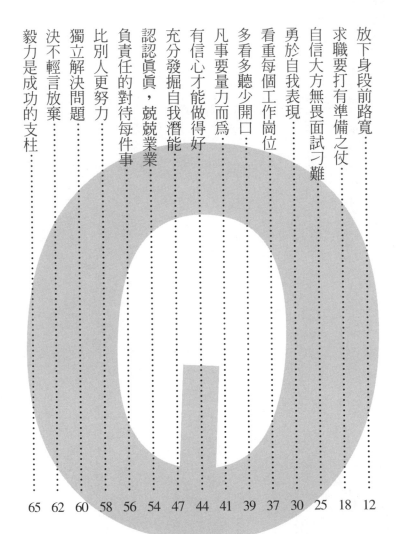

第二部　效率決定實力

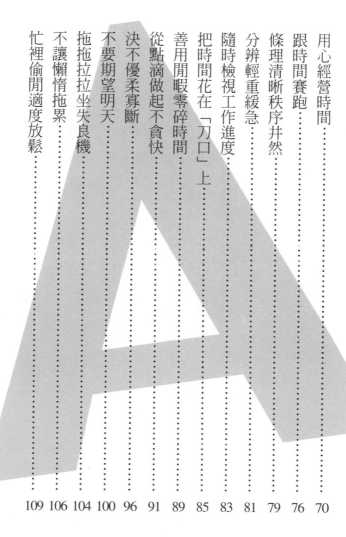

第三部　信念決定極限

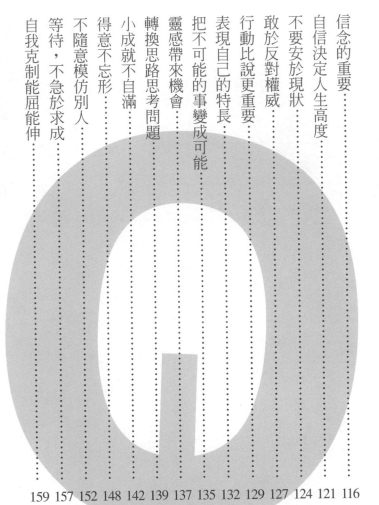

第四部　挫折決定負勝

目錄

第五部　人緣決定奧援

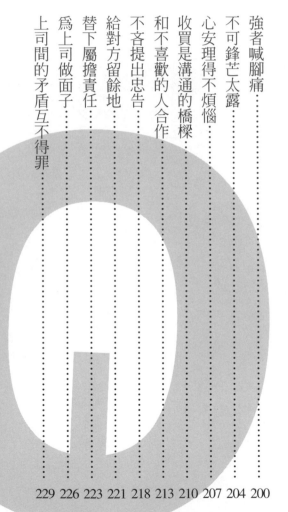

Adversity Quotient

第一部

態度決定出路

1 放下身段前路寬

學非所用不可惜，高學低用有一套，跳脫世俗貴賤成見，事業前景更不可限量。

有一位大學生，在校時成績很好，大家對他的期望也很高，認爲他將來必有一番了不起的成就。

後來，他確實是有成就，但不是在政府機關或大公司裡有成就，而是賣蚵仔麵線賣出了成就。爲什麼會如此呢？

原來他在畢業後不久，得知家鄉附近的夜市有一個攤子要轉讓，他那時還沒找到工作，就向家人借錢，把它頂了下來。因爲他對烹飪很有興趣，便自己當老闆，賣起蚵仔麵線來。他的大學生身分曾招來很多不以爲然的眼光，卻也爲他招來不少生意。而他自己則從未對自己學非所用及高學低用懷疑過。

現在的他仍然還在賣蚵仔麵線，但也轉投資，賺得錢比我們多了好幾十倍。

「做事要放下身段。」這是那位大學生的口頭禪和座右銘：「放下身段，路會越走越寬。」

那位大學生如果不去賣蚵仔麵線或許也會很有成就，但無論如何，他能放下大學生的身段，還是很令人佩服。你不必學他去做類似的事情，但在必要的時候，該有他做事的勇氣。

千金小姐不願意和保姆同桌吃飯，博士不願意當基層業務員，高階主管不願意主動去找下級職員，知識份子不願意去做勞力工作……。他們認爲，「君子動口不動手」，如果那樣做，就有損他的身份。

其實這種「身段」只會讓人路越走越窄，使人辦事越辦越砸。並不是說有「身段」的人就不能有得意的人生，但在非常時刻，辦事要放下身段，如果還放不下身段，只會讓自己無路可走。譬如博士如果找不到工作，又不願意當業務員，就只能挨餓了；如果能放下身段，路就會越走越寬，而不會發生路走不通的情形。

你如果想辦好事，就要放下身段，也就是：放下你的學歷、放下你的家庭背景、放下你的身分，讓自己回歸到「普通人」。同時，也不要在乎別人的眼光和議論，做你認爲值得做的事，走你認爲值得走的路。

「放下身段」比放不下身段的人在競爭上多了幾個優勢：

第一，能放下身段的人，他的思考富有高度的彈性，不會有刻板的觀念，並且能吸收各種資訊，形成一個龐大而多樣的資訊庫，而這將是他的本錢。

第二，能放下身段的人能比別人早一步抓到好機會，也能比別人抓到更多的機會；因爲他沒有身段的顧慮。

有一則這樣的故事：一位千金小姐隨著婢女在饑荒中逃難，乾糧吃盡後，婢女要小姐一起去乞討，千金小姐說：「我是小姐」，不願意去。

結果，這位千金小姐當然是「餓了面皮，餓了肚皮」！

我們知道，卡耐基在事業取得成就以後，收入相當豐厚，成了一位富翁。但是，他早年曾經歷了一段貧困潦倒的艱難歲月。有些時候，囊空如洗，不得不向人借錢度過難關。

就大多數人而言，伸手向人借錢似乎是一件難堪的事。這主要是因爲人們大多存在一種心理：缺錢用是不體面的。於是許多人在向別人借錢時，都不好意思開口。

經常有這樣的情形發生：在向人借錢之前，先作一番充分的準備，包括話要怎樣開頭，怎樣轉折，怎樣巧妙的過渡到借錢的話題上等等，可是，當眞正面對要向他借錢的那個人時，卻覺得最緊要的那句話重若千鈞，許多話到嘴邊又都嚥了回去；最後跟人家道「再見」了，還沒有提到借錢的事！

有些人則是在向他人借錢時，竭力掩飾他們缺錢的眞相，而編出一些「體面」的藉口，比如「某某借了我的錢，到期了還沒還我」、「我銀行裡有錢，但取款不方便，先向你借一點，過幾天領了薪水再還給你」、「這次出門錢帶少了點」等等，目的在於表明自己並非眞的很缺錢，只是臨時出了點小狀況。

「其實，這些藉口都是毫不必要的。」卡耐基曾經對別人說，「你借錢的對象並不在意這些，也十分明白你這是在爲自己找臺階下。他若是願幫助你，是不會追究你缺錢的原因的，也不會因爲你向他借錢就小看你。如果他要蔑視你的話，你找藉口他反倒會在心底譏笑你。」

那麼，卡耐基自己是如何向人開口借錢的呢？

他說：「向人借錢應當直接了當地提出來，不必囉哩囉嗦的解釋這解釋那的。對方願意借的話，你不用多說他也會借給你；反之，說得再多也是白費口舌。你直接提出借錢，對方不答應，你只要說聲『沒關係』就行了，這並不會發生尷尬、下不了臺之類的事；如果你先講了一大堆藉口，對方卻依舊拒絕，這樣反而使雙方都可能陷於尷尬之中。」

卡耐基在讀書時代，有一次交了學費之後，身上只剩下幾毛錢。於是，他打算到外邊工作賺取生活費。但是，他得先解決眼前的吃飯問題。於是他準備向同學借點錢。

「傑克，請借給我十美元吧。」他自自在在的說。

「戴爾，」傑克說，「眞是對不起，這段時間我手頭也不太寬裕，請原諒。」

雙方都十分坦率，所以都不存在難爲情的感覺。

「沒關係，傑克。」卡耐基坦然地說，「我另想辦法就行了。」

「戴爾，這樣吧，」傑克又說，「湯姆好像有多的錢可以借，你不妨向他借借看吧。」

「好的，謝謝你，傑克！」

當卡耐基遇到湯姆的時候，說：「湯姆，你能不能借給我十美元？」

「戴爾，」湯姆說，「眞是抱歉。我本來可以有錢借給你的，不過今天正想買一輛自行車，也不知道買了之後能剩多少。」

「沒關係，湯姆。」卡耐基大大方方的說。

「等我買了自行車後，如果有剩下的錢能夠借給你的話，我就給你吧。」

「好的，謝謝你，湯姆。」

下午，湯姆走進卡耐基的宿舍，說：「戴爾，我錢還剩下很多，你借十美元夠用嗎？」

「夠了，謝謝你！」卡耐基說。

湯姆主動表示說：「最好多一點方便些，借你十五美元好了。」

「不用了，湯姆。」卡耐基婉言謝絕，「十美元就行了，謝謝你的好意，湯姆。」

2 求職要打有準備之仗

面試之前的付出比成功後的收穫更重要。

有些人找工作，找了無數家公司，其結果都是無功而返，他們心生怨恨，恨命運對他不公平，求職不順遂其中有很多因素，也許與其能力談吐有關，但有一點也很重要，在應徵之前，是否做了充分的準備。

求職面試，應該做何準備呢？

⑴穿著得體

常言道：「佛要金裝，人要衣裝。」「三分長相七分打扮。」可見服裝對人的形象、特別是給人的第一印象有不可忽視的作用。在現代社會中，服裝更是一個人社會地位、經濟狀況、內在修養及氣質的展現。當推銷員初次與顧客相見時，顧客對推銷員的第一印象很大程度上依據推銷員的服飾。弗蘭克·貝德格在《我是怎樣成功地進行推銷的》一書中曾說：「初次見面給人印象的百分之九十始於服裝。」

推銷員穿著應依據什麼樣的標準呢？最好的標準就是顧客，即根據你即將拜訪的顧客的社會地位、經濟狀況和文化程度來決定穿著。因爲人都有潛在的比較意識，當碰到一個陌生人時，都會不白覺地進行比較，從而影響對推銷員的判斷。

如果推銷員的服裝與顧客的階層差別太遠的話，無論是高出或低於，都會使顧客在心理上和推銷員產生一條鴻溝，不自覺地把推銷員劃入與自己相異的階層裡去，這樣就會嚴重影響推銷工作的順利進行。這種下意識的階層劃分，會使顧客對推銷員產生不信任，最終拒絕接受推銷員的商品。

在求職的時候，也要根據自己欲謀求的職位，選擇恰當的穿著。若想尋找「藍領」工作，你的服裝就可以很隨便，通常一件夾克，一條西裝褲是可以被接受的。你要是穿得太過整齊或高檔，就會使招募者產生一種格格不入的感覺。如果他們覺得你太「貴族化」了，就會萌生不信任感，而你要是穿得過於破舊，人家又會覺得你太破落，當然就更不信任了。

倘若你想從事「白領」工作，那麼你的穿著就不能太隨便了。你的穿著得迎合你的「老闆」的口味，至少得跟他們一個檔次，否則也很難成功。

我們都知道以貌取人是不對的，但任何人都免不了以貌取人。我們都知道第一印象往往是不準確的，但我們卻總是根據第一印象對他人做出判斷。我們不可能去改變這樣的事實，但可以對此加以利用，即利用服裝去贏得別人的好感。

(2)避免隨隨便便的舉止

沒有人會說求職面試是有趣的事情。但是，舊金山市的羅伯特・哈佛國際公司（一家負責招募財經、會計、資料處理和金融人才的公司）的有關人士卻發現，有些求職者在招募人員面前，做出了許多不合常規的行爲。例如：

- 兩耳掛著隨身聽的耳機，邊聽音樂邊說他可以同時聽清考官說的話。
- 說自己還沒來得及吃午餐，隨後就在招募辦公室內吃起漢堡和炸薯條。
- 穿著運動服來求職的小夥子，居然是應徵副總經理的職位。
- 要求看人事主管的簡歷，以確定對方是否有資格來判定他的水準。
- 大言不慚地告訴招募席上的主持人：「我未來的目標就是取代你現在的位置。」
- 認爲自己有足夠的資格勝任，如果得不到這份工作，就證明公司管理者都是無能之輩。
- 一個禿頭男子突然跑出招募辦公室，下一輪進來時卻戴上了假髮。

● 嚼著口香膠糖，並且不停地吹著泡泡，站在等候隊伍裡東張西望。
● 拒絕坐下來談話，並堅持一直站著。
● 面試途中拿起手機說：「媽，今天早晨你問我喜不喜歡那份工作，現在主考官也問我，我該怎麼回答呀？」
● 一進辦公室就拿出高級打火機並向招募人員敬菸，而對辦公室內「禁止吸菸」的標誌視若無睹。
● 牽著自己的一條大狗走進辦公室。儘管她很優雅地坐了下來，可那只站立身旁的大狗，卻沖著主考官們氣喘吁吁地吐著舌頭。

(3) 面試前一定要精心準備

英國著名的演員約翰娜在剛出道時並沒有什麼名氣，常常沒有工作可做，又不知道怎樣打開演藝之路。她曾經多次去參加試鏡，希望獲得電視節目和廣告的角色，但是很少有成功的時候。

有一次，約翰娜去接受心理治療，學習怎樣讓她那個行業裡的人們了解她。心理醫生鼓勵她每次得到機會拍片的時候，哪怕扮演的是最不重要的角色，也要和主角一起拍幾張照片。從這時起，約翰娜只要有了工作機會都找人拍照，然後放大沖洗成十寸的劇照，背後註明每部電視片的片名，主角姓名和播出的日期、時間、頻道，還用大寫字母標明「約翰娜扮演角色」。醫生建議她把這些劇照寄給物色人才的各家製片廠及負責選角色的導演。

約翰娜雖然每年只演幾個小角色，但是每次都跟一個著名的明星共事。把這種情況用劇照表示出來，給人的印象是很深的。

當你希望以一個成功者出現在人們面前的時候，最重要的是要考慮那些對你做出評價和判斷的人。他們往往也受到很大的壓力，所以他們下決定時要很愼重，約翰娜必須讓那些有權決定雇用她的人相信她的能力。

約翰娜第一批寄出的劇照和說明裡只有她演過的五個小角色。但是，看了這些劇照的人會想：「這個女人曾經參與這麼多重要的電視片，應該是個很不錯的演員。」

爲了進一步增加約翰娜的成功機會，醫生又鼓勵她到圖書館做些研究。每次有人找她商談拍片的事，她都會事先到圖書館翻看有關的雜誌，看看有沒有介紹那個片子的作者、導演、製片人和主角的文章，凡是能夠找到的材料，她都仔細閱讀，熟悉那些將要上鏡頭的人和幕後的人。這樣，她在面試的時候就能談出較多的想法，而顯得與眾不同了。

約翰娜在參加面試之前，對於怎樣表達自己的想法，怎樣梳妝打扮，穿什麼衣服，表情和姿勢如何，以及怎樣給人一種精力充沛的印象，每一項都花幾個小時做準備。醫生還與她一起排練說話內容，要她與遴選演員的導演談話時，表現得更友善、熱情而充滿自信。爲了做到這一點，她走路時得要面帶著輕鬆的微笑，得先伸出手來握對方的手。

約翰娜接受治療之前，每年演出的收入只有五千美元左右。後來，果眞得到源源不斷的演出機會，加上她是個積極勤奮工作的演員，收入漸漸豐厚，成爲眾人羡慕的對象。

3 自信大方無畏面試刁難

應徵新工作時，很少人沒遇過會刁難人的老闆，因此，要練就應付刁難的本事。

招募工作的老闆一般都會給應徵者出一些難題，很多人面對這種情況，往往不能正確應對，就會導致就業失敗。

小禾接到面試通知的一剎那，非常驚喜。她準備前往應徵的是一家跨國公司總經理秘書的職位。

總經理是一個老外，很客氣地對小禾說了聲「您好」，她也落落大方地說「很高興見到您」，然後熱情地與他握了握手。他在翻閱小禾的資料的時候，小禾按照西方人的規矩，問他該如何稱呼。他說了自己的名字，小禾試著叫了一次，錯了，他糾正她。她又叫了一次，他說了聲「yes」。

接著，他說非常感謝小禾能夠來拜訪他。然後他向她簡單介紹了他們公司的歷史以及發展狀況、前景，小禾對於這些在應徵前已經有了了解，但她不僅專注地聽著，而且還不時地點點頭，發出一兩聲讚歎及一些附和，然後他還簡單地介紹了自己。這之後，他叫小禾介紹自己，並問了諸如教育背景、工作經歷等一些問題。小禾對答如流。

他接著問了一些看似無關的問題。「現在還在原公司上班嗎？」小禾如實回答：「沒有。」他說人們通常找到了工作才辭掉工作，你爲什麼會先辭掉工作才找？這是一個棘手的問題，但必須回答。小禾先說了一句：「這是一個好問題。」說這話的時候，積極地思考。話一說完，她立即想出了對策，說：「只有讓自己先失去舊的機會，才有可能有更好的機會，而且根據我的能力和經驗，我相信找一份好工作，並不是一件難事。」

他又問小禾，五年後想做什麼？這又是一個棘手的問題。小禾先答非所問：「有人曾說過，賺錢不應該是人類唯一的目的，我們應該停下來，給自己一些時間，想想我們是誰，從哪裡來。」然後她又說：「五年後我希望有一個好的生活，好的工作，好的人品，好的人際關係。」接著又補充說：

「誰也不知道明天。」最後他問她希望待遇。當小禾提出希望待遇時，並沒有提出一個具體的數字，只是給了他一個範圍。然後強調，薪資雖然重要，但工作更重要。之後，他讓小禾向他提幾個問題。

小禾首先關心的問題是他對她的印象如何。

他說，小禾的英語非常好，組織能力挺強的。不過她沒有在工廠工作的經驗。完了又說，不過這不是很重要。

小禾又問，她是不是合適的人選？

他說，他要比較選擇，過幾天才有結果。有的人英文好，但組織能力不好。面試結束的時候，小禾又伸出了熱情的手，說她喜歡這份工作，非常希望能夠給她機會，她一定會是一個令他滿意的職員。三天之後，小禾接到通知，說她隨時都可以去上班。

小禾應徵成功主要在於對自己充滿信心，面對難題，不卑不亢，沉著應對，終於取得老闆的欣賞，獲得了自己的職位。

有一名叫丁揚的年輕人失業後來到台北，仔細寫了一份個人簡歷後，簡歷的後面愼重地簽署了日期。第二天早晨，丁揚起得很早，買了份當天的早報，仔細閱讀上面的招募啓事。經過認眞分析，他選中了一家合資玩具廠，作爲「出師」的第一站。

當丁揚按照報紙上的地址找到這家工廠的辦事處時，一位五十多歲的蔡先生熱情地接待了他。蔡先生問他爲什麼來台北找工作，對企業管理有何認識和經驗等問題，他都一一作答。蔡先生邊聽邊微微點頭，接下來便問他要求月薪是多少。他回答：「二萬八千元。」蔡先生一聽，馬上問他什麼時候能夠上班，丁揚告訴他現在就可以、形勢發展到這地步，丁揚猜想，大功應該已經告成。

誰知道，此時蔡先生又重新審視丁揚的那份「個人簡歷」，突然他問丁揚：「有個問題我不明白，我們的招募廣告是今天早上才見報的，而你的簡歷的落款時間是昨天，難道你有未卜先知的能力嗎？」本來這個問題是無關緊要的，完全可以實話實說。可是丁揚卻隨口謊稱是筆誤。很顯然，對方對他的解釋並不滿意，起身做出一副送客的姿態，「請您先回去等候通知，如果錄用，我們將有書面通知。」丁揚知道，眼看到手的工作落空了。

此後，丁揚的求職路曲曲折折，可是無論環境和地位怎樣變化，第一次面試的情景深深地印刻在丁揚的腦子裡，不管是作人還是辦事，仔細認真，實事求是，不說假話這些道理讓他終身難忘。

這兩個人的例子說明要找好工作，把應徵的事辦好，就要面對老闆的刁難。其正確的辦事策略應該是：首先是自信，不卑不亢；其次是誠實，不要耍小聰明。

4 勇於自我表現

天上不會掉下禮物，幸福要靠自己爭取。自我表現者是靠眞才實學，靠實實在在的行動，靠看得見的成果來表現自己的價值的。

現實社會中有些人「只問耕耘，不問收穫」。他們以爲，只要努力工作，自然會有好的結果。

過去，社會上一些年長者擔心年輕人不肯腳踏實地付出勞動，常常語重心長地告誡年輕人要「只問耕耘，不問收穫」，要相信「桃李不言，下自成蹊」。認爲只要付出過、辛苦過，這一生就沒白活，至於收穫，那是不應計較的事，況且上天總是公正的，收穫一定屬於那些辛勤耕耘的人們。

其實不然，就像現代社會的商品必須做廣告一樣，一個人要想嶄露頭角，得到命運之神的青睞，也要善於表現自己。

人的才能需要表現。只有表現，才會爲他人所知，知道的人多了，爲你提供的機遇也就會多起來。有時，甚至會出現這樣的結局——在你的表現得到認可之時，就是機遇來臨之日。

在電影《飄》中扮演女主角郝思嘉而一舉成名的費雯麗，就是在表現自我中抓住機遇成名的。當時《飄》已開拍，但女主角的人選還沒確定。畢業於英國皇家戲劇學院的費雯麗決定爭取郝思嘉這個角色。但她當時還是默默無聞，沒有什麼名氣，怎樣才能讓導演知道「我就是郝思嘉呢」？她決定毛遂自薦，方法是自我表現。一天晚上，剛拍完《飄》的外景，製片人大衛又愁眉不展了。突然，他看見一男一女走上樓梯，男的他認識，那女的是誰呢？只見她一手扶著男主角，一手按住帽子，自己把自己扮裝成了郝思嘉。這時，男主角突然大喊一聲：「喂，請看郝思嘉！」大衛一下愣住了，「天呀，這不就是活脫脫的一個郝思嘉嗎？！」費雯麗被選中了。

當然，許多人不會像費雯麗那樣走運，可能不會一次表現，就一舉成功。這就需要有耐心，有恆心，一次不行。就多表現幾次，在一個地方表現無效，就在多個地方進行表現。表現多了，被發現，被賞識的可能性就會增加。

當然，沒有踏實的工作做基礎，只靠「表現」也是不行的，任何一個眞正的主管所欣賞的是能爲他創造業績、帶來榮譽的下屬，只要你爲主管做出成績，向主管要求你應該得的利益，他會滿心歡喜的答應的。如果你無所作爲，無論在利益面前表現得多麼「老實」，主管也不會欣賞你器重你的。

因此，最重要的是把握好「苦幹」與「表現」的機會。

國人愛把「含而不露」看作一種美德，一個人的優點、成績和才能，只能由別人來發現。至於自己，儘管你已做出許多成績，有淵博的知識和驚人的才華，也只能說自己「才疏學淺」。如果有誰鋒芒太露，就容易召來非議。人們喜歡恭順謙讓者。因此，「毛遂自薦」的故事，聽起來總不如「三顧茅廬」那樣入耳。勇於表現自己才華的人，也總不如「謙謙君子」那樣受到歡迎。

然而，在今天激烈競爭的年代，一味地做「謙謙君子」，卻有可能成爲一大缺點。競爭就是要「競」要「爭」，就是要敢於和別人去一比高下。

今天的時代，是快節奏、高效率的時代，需要的是乾脆俐落、果斷敢行的作風。時間那麼寶貴，人們忍受不了那種吞吞吐吐、羞羞答答的「謙遜」，不要聽那種婆婆媽媽、「拐彎」式的「自謙之辭」。你行，就來做；不行，就讓開。故作姿態的「謙虛」，完全沒有必要。在現代社會，精明的企業家招募員工，聰明的上司挑選下屬，首先並不是看你怎樣言辭周到、謙恭有禮，而是看你有多少眞才實學。你應當實事求是地宣傳自己：我有什麼長處，有哪些才能，想做什麼，能做什麼。直來直去，使別人了解你。這樣，反而容易使你得到機會。

社會變革的加快，加速了知識更新的步伐。在現代社會，人們的才能和精力都受時間的制約。錯過了時機，知識就會貶值，精力就會衰退。如果一個人不能在自己的黃金時代抓住機會，大膽地、主動地貢獻出自己的聰明才智，若總是「藏而不露」，那就會貽誤時機。等到有一天別人終於發現你時，也許早已錯過了時機，你的知識和特長也已經成爲過時的東西。在資訊爆炸的今天，不管你怎樣「學富五車」，也只能在短短時間內保持優勢，能不能在這短短的時間內獲得施展的舞臺，將成爲決定你成敗的關鍵。

現代社會是人才濟濟的社會，可供社會選擇的人才很多。你既然扭捏、害羞，表示自己這也不行，那也不行，那麼，有誰還願意放著別的能人不用，而花時間考察了解你呢。而且，既然存在著競爭，對於機會，別人就不會和你謙讓，而會和你競爭。一旦你失去被選擇的機會，別人就會捷足先登，而你只好自歎弗如了。

現代競爭在很大程度上就是機會的競爭，機會是至爲寶貴的。我們一遇到機會，就應當緊緊地抓住它。大畫家徐悲鴻是一位伯樂，傅抱石的才能就是他發掘的，但發掘的緣由卻是出於傅抱石的自我推薦。假設傅抱石沒趁徐悲鴻途經南昌的機會去拜訪他，而是矜持、靦腆、猶豫，見了大師不敢拿出作品，說話呑呑吐吐、含含糊糊，怎能得到徐悲鴻的賞識和幫助呢？

總統競選期間，每個候選人總會對自己大吹大擂一番，說自己有怎樣的宏圖大略、怎樣的安邦治國之才等等。這樣做確實使他自己得到充分表現。當然，我們並不提倡自我吹噓，更不贊成弄虛作假，甚至貶低他人來抬高自己，但也不欣賞那種故作姿態的過分謙虛。你只有實事求是地、勇敢地、充分地表現自己的膽識和才能，機會才會來光顧你。

有人把勇於表現自己的膽識與才華和「出風頭」畫上等號，這顯然是不對的。主動進取，充分顯示自己的才能，這不是出風頭，而是對自己的尊重以及對社會的負責。有些真知灼見，你不宣傳，別人就不會知曉。有些對社會進步具有促進作用的創新見解，你不宣傳，就無法得到推廣。這不僅是個人的損失，也是社會的損失。人們只知道貝爾發明了電話機，殊不知在貝爾以前，早有人發明了這類裝置，不過當時人們不理解這種發明的社會意義，不予理睬，而這位發明人也就就此撒手了。

貝爾發明電話機後，遭遇也並不比這個人更好，但他卻頑強地向人們宣傳自己的發明成果，像馬戲團那樣到許多城市去表演。在實在行不通的情況下，又辦了個《貝爾電話公司》，最後才把電話推廣了開來。倘若沒有貝爾的「自吹自擂」，電話機怎能進入人們的家門？可見，勇於表現並不像人們想像的那樣壞。恰恰相反，這正是優秀人才不可缺少的一種品德。在這裡，當「謙謙君子」是沒有必要的，你就是自己的「伯樂」。

勇於表現實際上是推動人們進取向上的一種動力。沒有一個人願意自己默默無聞，誰都想使社會知道自己的存在，想在歷史上或多或少留下一點影響。這是推動人們奮發圖強的一個動力。歷史表明，一個社會只有當它的成員能夠充分表現自己才華的時候，這個社會才是生機勃勃、興旺發達、充滿活力的。馬克思早在一百多年以前，就把人的全面發展作爲共產主義的一個重要特徵。封建社會反對自我表現，壓抑人才，阻礙了社會的發展，造成數千年的社會停滯。

從個人和社會的相互關係看，勇於表現是個人對社會的一種奉獻。一個人，縱然有滿腹經綸，然而他不表現；縱然他有一肚子錦囊妙計，但是他不獻出，那他就談不上對社會有什麼貢獻。勇於表現，是把內在的本質外在化，精神的東西物質化，有用的經驗公開化。從這個意義上說，勇於表現的過程，就是人們積極從事創造的過程。它把個人的智慧和才能，理想和抱負奉獻出來，供他人去認識和了解，供社會選擇和使用。

5 看重每個工作崗位

不管是在平淡的瑣事中，還是在艱困的崗位上，都離不開「認眞」二字，成大事者，都是從點點滴滴的事情做起，在自己的小位置上耕耘收穫以達完善，到最後才自己撐起一片藍天。

無論你是做什麼的，是大樓管理員、收發文件，還是做中層管理工作，不論職位高與低、輕與重，你成功的關鍵就是看重自己的崗位，所言所行與自己的位置相符相宜，並且讓你的主管知道你、肯定你和認可你。

在一個部門裡工作，要找對自己的位置，並根據職位的輕重採取不同的處世方式。如果職位重要，表示你已得到了主管的器重，可以盡可能地在主管所轄範圍內施展才幹。如果職位較輕，則一言一行還須謹愼從事，一方面要盡力表現自己；另一方面要學會不可鋒頭太健，那樣可能會引來嫉妒和反感，使自己陷進人際關係的危機之中，最後毀於「木秀於林，風必摧之」的世俗觀念中。

那麼，究竟怎樣做才算得體呢？至少應該把握住以下兩點：

(1)工作要稱職

部門裡的主管是否知道你的工作內容、並對你有較高的評價？大多數人都認爲，主管的眼睛是雪亮的，如果表現好，工作好，遲早會傳到上司耳中。可惜，情形往往不是這樣，很可能你工作相當出色，可是上司根本不知道，這是常有的事。

在這方面處理得當的人總是設法使自己很稱職，設法讓別人看到自己的工作，得到一個工作做得很好的名聲。上級主管往往把這樣的人看作是嶄露頭角的優秀人才和部門裡的能人。

(2)千萬不可「才高震主」

你是否對你的頂頭上司構成威脅？這種情況經常發生，如某個秘書或辦事員，年輕聰明，能言善辯，在眾人之中脫穎而出。他很有能力，工作起來似乎永不疲倦，可是，最後他發現自己所有的努力都遭到頂頭上司的阻撓、破壞和打擊。

所以，千萬別讓你的表現對上司構成威脅，否則即使你有很優秀的才幹，你也很難很快得到晉升。

6 多看多聽少開口

初出茅廬的人，做事切勿急躁，應該多看多聽少開口。

如果你是個剛出校門的年輕人，縱然滿腹經綸，大有主張，但實際上，所知的都只是從書中學來的理論，對於要應用在現實的社會並無太大的助益。現實的社會，富有特殊性，這些社會特殊性，是現實之所成爲現實的重要因素。如果你想專靠書本上的理論，來認識社會，應付社會，絕不會收到豐碩的成果。

一般年輕人一踏入社會，辦起事來，處處碰壁，飽嘗世態炎涼，之後再不敢有所作爲。推其病源，都是由於過分相信書本上的理論，以爲到處可通，而忽略了現實社會特殊性的關係，於是才有和社會格格不入的感覺。因此，當你進入社會以後，應該要立即開始學習現實社會的特殊性，只要你虛心求教，隨處留意，今天學一些，明天學一些，積少成多，就會明白現實社會的特殊性，遭遇碰壁與挫折的事情也就自然會減少，如此你的朝氣才得以保持，你的成就，才能較豐碩。

如何學習現實社會的特殊性呢？將現實社會當成課本，而現實社會中的每個人，就是師長，孔子說：「三人行，必有吾師焉。」其實不論他人地位高下，知識的深淺，但他的專業經驗，總有一部分是值得你學習的。向甲學習一些，向乙學習一些，把片段零星的，漸漸組織、聯貫起來，整個現實社會的特殊性便眞實的展現在你面前了。因此你對於任何人、任何事，若用眼仔細觀察，用耳仔細傾聽，必能有所得。

當你學習社會的特殊性時，要注意一點。不論你所看到的或所聽到的，是正的特殊性還或是負的特殊性，都要牢記在腦裡，不要任意的批判。因為你所得到的都只是片段而已，所以還沒有批判的資格。但是其與所學的相符之處，是否有相關之處？是否有出入之處？用現實社會的特殊性，來補充書本上的理論，完善書本的理論，實驗書本上的理論，跟現實社會的特殊性，逐漸打成一片。特殊性有了理論的根據，書本上的理論，有了現實的根據，你的應世工具，便比一般的人高明，你的發展，便能比一般人有希望。

7 凡事要量力而為

能力是你想成功的必要條件，在條件不具備的時候不要貿然行動，否則就成了無謂的冒險。

有一個職員因為職位低而被人看不起，後來他發現無論職位多高的同事在想訂連續假期的火車票時，都會遇到很大的困難，所以大家公認能在那樣的情況下買到票的人很有本事。這個職員並沒有特殊管道能取得火車票，但爲了證明自己的能力，硬是對同事說有辦法在火車票售完後弄到票，同事們也就樂得一窩蜂地請他幫忙，他有求必應，一一答應下來，沒有購票門路的他，只能在半夜三更去排隊買票。託他買票的人越來越多，到最後，把自己逼進了死胡同。這就是沒有考慮自己的能力所造成的後果，買到票，贏得幾句了不起的稱讚；沒買到，委託者就責怪他別人有自己沒有，反而失去了信譽。這說明，如果沒有一定的能力，還是不要把事情往自己身上攬。

在你不具備某種能力的情況下，誇下海口，大包大攬，結果只會耽誤了事情，進而影響到自己的聲譽，別人會覺得：其實你根本就不行！

美國有家大企業的會計長，才三十五歲，才華洋溢，收入豐厚，他是在拿到會計學碩士學位後進入公司，一路努力爬升到現在的職位。但是，他深感挫折，憂心忡忡，所以求助心理諮詢。在心理醫生那兒，他講述了自己的經歷。

他的童年很風光，在九歲和十七歲時，有過兩次成功的經歷，一次是推銷雜誌，發展到有好幾個小夥伴幫著他一起推銷；另一次是和朋友建立了一家印刷廠，他當業務，攢下來的錢足以供他上大學所用。後來，由於父親的建議，他從大學開始學會計學，然後又靠推銷和經營賺來的學費取得碩士學位。

學校畢業後，他就被現在任職的這家大公司錄用，在企業裡一直升到會計長的位置。儘管非常努力，他的表現並不受肯定，經常爲人指責，挫折感也越來越大，不時有同事質疑不能勝任會計長的職務，因此，他只有在周末時才會感到快樂。漸漸地，他的公司、同事對他的表現越來越不滿，連自己也對自己越來越沒信心。

心理醫生幫助他解開了心結：他不適合會計長的職務，即使他擁有碩士學位，但他的興趣不在此，所以作爲公司的一名普通會計人員他還可以勝任，至於「會計長」一職則超出了他的能力範圍。心理醫生道破他工作不快樂的來由，他想通了，主動向公司請求辭去「會計長」一職，轉調業務部。

這家公司失去了一個名不符實的會計長，卻得到了一個樂此不疲和績效驚人的業務主管。

事後回憶這段日子，他說：「永遠也不要做你自己無法勝任的事，那樣做不僅害了自己，會使你變得不快樂並且愁容滿面，因爲你做的都是你無法完成或最多也只能勉強完成的事；而且也傷害了信任你、委託你辦事的人，對公司更是一種損失。」

8 有信心才能做得好

信心越足越好，如果你自己都不相信你能做好工作，怎麼可能期望別人相信你呢？

世界上每天都有不少年輕人開始新的工作，他們都「希望」能登上最高階層，享受隨之而來的成功果實。但是他們絕大多數都不具備必需的信心與決心，因此無法達到頂點，也因爲他們相信自己達不到，以致找不到登上巔峰的途徑，他們的作爲也一直只停留在一般人的水準。

但是還是有少部分人眞的相信他們總有一天會成功。他們抱著「我就要登上頂峰」（這並不是不可能的）的積極態度來進行各項工作。這批年輕人仔細研究高階管理人員的各種作爲，學習那些成功者分析問題和做出決定的方式，並且留意他們如何應對進退。最後，他們終於憑著堅強的信心達到了目標。

吉拉德欲步入推銷界的時候，曾因多次遭到拒絕而感到極端沮喪，他的妻子摟住他說：「喬伊，我們結婚時空無一物，不久就擁有了一切。現在我們又一無所有，那時我對你有信心，現在還是一樣，我深信你會再成功。」就在這一剎那，吉拉德了解到一條重要的眞理——「建立自己的信心，最佳途徑之一，就是從別人那兒接受過來。」

吉拉德重新開始建立信心，他拜訪了底特律一家大的汽車經銷商，要求一份推銷工作。推銷經理起初很不樂意。

「你曾經推銷過車子嗎？」經理問道。

「沒有。」

「爲什麼你覺得你能勝任？」

「我推銷過其他的東西——報紙、鞋油、房屋、食品，但人們眞正買的是我，我推銷自己，哈雷先生。」

此時的吉拉德已建立了足夠的信心。

經理笑笑說：「現在正是嚴冬，是銷售的淡季，假如我雇用了你，我會受到其他推銷員的責難，再說也沒有足夠的暖氣房間給你用。」

「哈雷先生，假如您不雇用我，您將犯下一生最大的錯誤。我不搶其他推銷員的店面生意，我也不要暖氣房間，我只要一張桌子和一支電話，兩個月內我將打敗您最佳推銷員的紀錄，就這麼定了。」

哈雷先生終於同意了吉拉德的請求，在樓上的角落裡，給了他一張滿是灰塵的桌子和一支電話。就這樣，吉拉德開始了他的汽車推銷生涯。不久，他眞的成功了。

9充分發掘自我潛能

玉不琢不成器，人的潛能也一樣，不去挖掘就像一潭死水，日久便會發臭。

人的潛能到底有多大？這個問題恐怕是誰也無法回答的。因爲按照科學家的說法，人的一生只用去其腦力的百分之一，也就是說，每個人都有百分之九十九的潛能有待挖掘。

我們不知道自己的潛能是因爲人都有惰性，如果可以依賴，如果可以不動腦筋，那麼就沒有人刻意的發揮出自己的潛能來，這個現象在女性身上最爲明顯。也許是因爲「男權」社會的餘波，女人在社會中總是扮演依附性的角色（當然並不是所有的女性都是依附於男性的）。可是如果一旦失去依靠，女人往往會爆發出驚人的力量，比如離婚的女人，因爲有過失敗的婚姻，對男性的信任度也下降，因此她們更需要靠自己創造生活。而事實上，很多女性已經用自己的行動證明女人的潛能是無限的，原來她們離開男人會生活得更好！

這就是潛能的力量。但是很可惜，並不是每個人都有機會釋放出自己的潛能。所以我們更應該在日常辦事中就學著逼迫自己，對自己要求得更高一些，去辦那些你認爲自己做不來的事，也許你就會發現，很多能力都是要靠自己挖掘才能表現出來的。優秀的人就是懂得如何充分挖掘自己的潛能的人。

有一個有趣的故事：有一個人死後升上天堂，聖彼得在天堂的門口迎接他，並帶他到處參觀。走到天堂的車庫，那人看見停泊著的車輛中，有很多輛日本製造的小房車，而只有寥寥可數的幾輛勞斯萊斯大房車。這位天堂最新的公民有點奇怪爲什麼有那麼多日本房車而比較少名貴的汽車，於是要求聖彼得解釋一下。聖彼得攤開雙手無可奈何地說：「我們也沒有辦法，人們在祈禱的時候，絕大多數要求天主賜給他們日本房車，只有很少數的人敢要求擁有勞斯萊斯，所以就有現在這種奇怪的現象存在了。」

這個故事的寓意是什麼呢？它是說大部分人都小覷自己的能力，自己限制自己本身的發展，有小小的成就馬上以爲自己已經到達巔峰狀態，於是不肯再冒險，也不再向上爬，結果白白浪費了自己的潛能，錯過無數向前推進的機會。

下面是網路上的一個故事。

一個名叫杜彬的年輕人，長得一表人材，是一小康家庭的獨子。他自幼便表現出過人的智商，考試成績總是名列前茅，觀察力極強，對於處理自己的生活更是井井有條。

杜彬在家鄉讀高中時，有位老師對他說：「以你的成績及讀書天分，你大可以轉到任何一間名校就讀，那麼你將來考進全國最高學府的機會更大。」杜彬聽了，馬上搖頭，然後說：「名校不是我這種庸才可以去讀的。」

一番好意的老師不禁爲之惋惜。

參加美國大學的入學考試時，杜彬的成績好到連他自己也不敢相信。他原本有資格申請就讀麻省理工學院，可是他卻選擇去一間三流的學校。他還是相信名校不是他「這種人」可以讀的。

大學畢業後，他的同學都進了大公司工作，因爲他們希望有較大的發展。可是，杜彬卻選了一間小規模的公司，他的理由是：「人少的公司學習的機會多些，競爭也沒有那麼大。」

可是世事的安排卻似乎總與杜彬作對，他服務的那間小公司因爲業績不斷的進步，進行了一連串的擴張，而在水漲船高的原理之下，杜彬的職位也愈升愈高。

每一次升級，杜彬的情緒總要低落一陣子，他總是說：「這次必死無疑，我哪裡有能力擔任這個職位呢？這簡直是要了我的命！」

由於杜彬對自己的潛能毫無認識，因此他對自己的能力一點信心也沒有。他變得愈來愈緊張，而隨著這種情緒而來的是他的工作表現顯著地退步，他犯錯的次數也日益增加，他不能處理分內的工作，最後他的精神終於崩潰了。

後來杜彬不得不在療養院中癡癡呆呆地過日子。若是有人在他面前輕聲說「工作」兩個字，就可以把他嚇得半死。

杜彬是個不了解和不接受自己潛能的特殊例了。可是在現實生活中也有很多對自己潛能不充分了解而因此自限的人。假如這些人能夠充分了解及利用自己的潛能，那他們豈不是可以爲自己創造更豐富更美好的人生？所以，只有不斷地發掘、了解、利用自己的潛能，才能將自己的成就推上一個又一個的高峰。

了解及利用潛能的宗旨在於去辨好那些你眞正喜歡做的事情。

有一個人自小就非常喜歡繪畫，他的作品時常被老師選出來表揚，因此有一段時期，他常夢想自己將來會成爲出色的畫家。可是這個人的父母看見他對繪畫的興趣及天分卻嚇了一跳，因爲他們認爲以繪畫爲生是一件很不穩定的工作，於是他們千方百計地去勸阻孩子發展繪畫的潛能。

他們告訴孩子：「你完全沒有繪畫天分。」他們對孩子所畫的圖畫不但不欣賞，還諸多批評。漸漸地孩子開始相信自己對繪畫眞的沒有天分，他對這個曾一度喜愛的嗜好失去興趣，他放下了畫筆。再過一段時期，他發覺自己根本不懂得作畫。不久，他甚至一提到繪畫便露出憎惡的神色。

孩子的父母終於達到了他們的目的。孩子長大以後，做了一名中學的數學教師，這份工作他做得算稱職，但他總是提不起勁投入工作，不到三十歲，他已經意志消沉得想完全放棄工作，不過基於對父母及自己家庭的責任感，他咬著牙一直做下去。

在一個偶然的機會中，他被邀請替一本教科書畫幾張插圖，他一拿起畫筆便再也不能放下。這次，他的妻子企圖勸阻他，可是他對她說：「我的父母已經嘗試過強迫我放棄心愛的嗜好，我錯誤地聽從了他們，而因此浪費了我的潛能。我不能再重複這個錯誤了。」

不久，他辭去了教書的工作，專職畫各式各樣的插圖。有空的時候，他不停地繪畫，他希望不久可以舉行個人畫展。他說：「現在我才覺得眞正地在生活。」

嘗試問問自己：我有什麼特別的地方？我有什麼素質是其他人沒有的？我做什麼事情時覺得最舒服？我做什麼事情做得特別好？我有什麼嗜好？我有什麼與生俱來的才能？有什麼事情我做得特別自然？空閒的時候我會去做什麼事情？這樣就可以找到你的興趣所在，只有在這些有興趣的領域你才可能發揮出自己的潛能。

許多時候，父母、老師及其他長者，會爲了我們將來有安定的生活，而替我們選擇一條安穩有保障的路。可是當他們這樣做的時候，往往忽略了我們的潛能，造成很大的浪費。

因此當我們生活得不如意，覺得未能發揮潛能時，不妨問問自己：「父母爲我們所創造的自我形象是否有問題？」如果你覺得確有問題的話，那就表示你的生活方式未能將你的潛能帶出來，你需要改變。

還有一種情況，當別人說：「你最在行是做……」、「這件事找你辦就確保無誤」、「我早知道你對此事的反應會如此了」、「你別的可能不行，這個一定行」等話時，將這些話詳細地用筆記錄下來。如此做了數星期之後，有系統地分析你的筆記。你會發覺你的行為有一定的模式，原來你一直在人前顯露自己某方面的興趣及才華。這些興趣及才華很可能是你自己以前從未意識到的。如果你相信「旁觀者清，當局者迷」這句話，你不會對這些發現掉以輕心，因爲它們會帶領你發掘到自己眞正的潛能所在。

10 認認真真，兢兢業業

每一個成功人士都是認認眞眞、兢兢業業的。盡量追求精確與完美，是成功者的個性品質。

法國作家大仲馬有一個朋友，向出版社投稿經常被拒絕。這位朋友就來向大仲馬求教。大仲馬的建議很簡單：請一個職業抄寫人把他的稿子乾乾淨淨重寫一遍，再把題目做些修改。這位朋友聽從了大仲馬的建議，結果他的文章就被一個以前拒絕過他的出版商看中了。由此可知，再好的文章，如果書寫太潦草，誰會有耐心去拜讀呢？

舊金山市一位商人給一個外國的商人發電報報價：「一萬噸大麥，每噸四百美元。價格高不高？買不買？」收到電報的那名商人原意是要說「不，太高」，可是電報裡卻漏了一個逗號，就成了「不太高」。結果就因爲缺了一個逗號，就使他損失了上千美元。

再來看一個也是因粗心大意而造成巨大損失的事例。一家皮貨商訂購一批羊皮，在合約中寫道：「每張大於四平方尺、有疤痕的不要。」注意，其中的頓號本應是句號。結果供應商沒有詳細問清楚，發來的羊皮都是小於四平方尺的，使訂貨者啞巴吃黃連，有苦說不出，損失慘重。

「粗心」、「懶散」、「草率」，這些評價送給生活中成千上萬的失敗者毫不爲過。有多少人，包括職員、出納、會計、編輯，甚至大學教授，就是因爲粗心、馬虎而丟了他們的工作。而馬馬虎虎、敷衍了事的毛病，也可以使一個百萬富翁很快傾家蕩產。

相反，做事認眞，則能幫助一個人獲得成功。

11 負責任的對待每件事

俗話說：磨刀不誤砍柴工。當覺得工作吃力的時候，就是該充電的時候了。一味追求效果，不假思索是不可取的。

五年前我還在一家行銷公司工作時，有一位朋友找我，說他們公司想做一個小規模的市場調查。朋友說，這個市場調查很簡單，他自己再找兩個人就能做了，希望我能出面把業務接下來，然後由他去運作，最後的市調報告再由我把關，結束後會給我一筆費用。

這確是一個很小的業務，沒什麼大問題。市調報告出來後我看到了其中有灌水的成份，但我只是做了些文字加工和更改，就把它交了上去。對我而言，這件事就這樣過去了。

去年的某一天，幾位朋友和我組成一個專案小組，一塊去完成一間新開業的大型商場的整體行銷方案。不料，對方的業務主管明確提出對我的印象不好，原來此位先生正是當年那項市調項目的委託人。

這件事給我極大的刺激，現在回過頭來看，當時我得到的那點錢根本就不值一提，但為了這點錢，我竟給自己造成如此大的負面影響！

許多時候，我們會不經意地處理、打發掉一些自認為不重要的事情或人物，但這種隨意不負責或是不道德的行為會造成一些不好的影響，在你以後的人生道路上，會突然顯現出來，令你對當年的行為懊悔不已。

競選總統也是一個很好的例子。每個候選人參選前必須把自己的經歷全部放在天平上秤過一遍，任何一點的虧缺就會讓你付出代價，僅管那可能是早被你忘掉的數十年前的一件小事。一個人的名譽、能力要想得到社會公眾長久地認同，必須持續地在每一件事上都為自己負責。

在你的工作事業中，沒有可以隨意打發的小人物、小事情，種下什麼種子，將來必定收穫什麼樣的果實，這就是所謂的報應。

大事是由一件件小事組成的，小事情處理時不認眞，那麼大事情還有誰敢交付呢？請認眞對待你身邊的每一件事，每一個人，以及你自己。

12 比別人更努力

比別人多努力一些，就擁有更多的機會。

兩個同齡的年輕人同時受雇於一家店鋪，並且拿同樣的薪水。可志偉青雲直上，而大明卻仍在原地踏步。大明很不滿意老闆的不公正待遇。終於有一天他到老闆那兒發牢騷了。老闆一邊耐心地聽著他的抱怨，一邊在心裡盤算著怎樣向他解釋清楚他和志偉之間的差別。「大明，」老闆開口說話了，

「你去市場看看今天早上賣什麼。」大明從市場上回來向老闆彙報說，市場上只有一個農民拉了一車馬鈴薯在賣。

「有多少？」老闆問。

大明趕快戴上帽子又跑到市場上，然後回來告訴老闆一共四十斤馬鈴薯。

「價格是多少？」

大明又到市場上問來了價錢。

「好吧，」老闆對他說，「現在請你坐到這把椅子上一句話也不要說，看看別人怎麼說。」

志偉很快就從市場上回來了，並彙報說到現在爲止只有一個農民在賣馬鈴薯，一共四十斤，價格是多少多少；馬鈴薯品質很不錯，他帶回來一個讓老闆看看。這個農民一個鐘頭以後還會弄來幾箱番茄，據他看價格非常公道。昨天他們鋪子的番茄賣得很快，庫存已經不多了。他想這麼便宜的番茄老闆應該會要進一些的，所以他不僅帶回了一個番茄做樣品，而且把那個農民也帶來了，他現在正在外面等回話呢。

此時老闆轉向了大明，說：「現在你應該知道爲什麼志偉的薪水比你高了吧？」

大明跑了三趟，才在老闆的不斷提示下，了解了菜市場的部分情況；而志偉僅一趟，就掌握了老闆需要和可能需要的資訊。現實生活中也有不少人像大明那樣，上司吩咐什麼，就做什麼，自己從不用腦，結果長期不被重用，還慨歎命運的不公平。而像志偉那樣辦事效率高、靈活的人，不僅圓滿完成上司交代的任務，還主動給上司提供參考意見和盡可能豐富的資訊，自然會得到上司的賞識和青睞。

13 獨立解決問題

自己能做的事，就自己解決。

一天，一位名叫美珍的職員匆匆走進經理的辦公室，一屁股坐在椅子上。她在公司客服部工作。幾周來，客戶們紛紛來電話抱怨貨物運送有誤，弄得她應接不暇。她對這種情況感到厭煩透了，要求經理採取措施，不然她準備辭職了。

「好吧，美珍。」經理像往常一樣說，「我會弄清楚是怎麼回事的。」她道了謝，起身離去了。但因此暴露了自己的心態：我是個「小人物」，不應當成為處理問題的人；我只想每天來上班，一切都順利。

採取「小人物」態度的職員無異於在告訴別人，他們不打算承擔更多的責任。倘若美珍走進經理的辦公室時，是帶著解決問題的辦法而不是問題本身，她也許會使自己成為被晉升的候選人。

工作中，人人都會遇到問題，關鍵在於你怎麼處理。專家的忠告是：靠自己解決問題。因為解決問題會顯示你的才能，同時這也是替公司做出重要貢獻的機會。事實上，不少晉升機會都是由那些聰明的下屬做出超出其職責範圍的工作時創造的，沒有什麼比解決難題更能打動老闆。

14 決不輕言放棄

要把自己的事情做好，不能輕言放棄，放棄只能意味著沒有成功。

二十八歲的布拉德·哈威爾和二十五歲的約翰·佛萊迪工作的救難中心坐落於佛羅里達州的德爾文。現在是休息時間，他們正在談論以前經歷的事情。那是一九八七年，佛萊迪有一輛十八個輪子的大卡車，載著司機與他的妻子及兩個孩子，衝過鐵道護欄，翻著跟斗栽進了水渠。由於水面浮滿了泥漿和汽油，所以救援隊想用水壓分割器，即俗稱的「生命之鉗」把駕駛室弄開。然而，他們無法在泥中用力，油泵鋸也不能在水下使用。等拖曳車把卡車從水渠中吊出來時，他們才見到了這家人。「太遲了。」佛萊迪告訴哈威爾。

哈威爾想起的是一九八九年翻倒在佛羅里達南部大沼澤路上的一輛車。

當時，那個十幾歲的小司機被卡在破車中，破碎的車頂把他的頭壓在他兩腿間的一堆碎玻璃上，那少年在痛苦中呻吟。哈威爾所屬的救援隊用「生命之鉗」三二下就打開了車門，然而馬上又束手無策了，因爲下一步必須避開一只飲料罐，這事「生命之鉗」很難辦好。少年最終當然得救了，但對哈威爾來說，這是令人沮喪的四十五分鐘。

「一定會有更好的方法。」佛萊迪說。他開始構思一種理想的工具，他想像這種工具可以穿過殘骸做切割，而不是撬開殘骸，工具很輕，但很結實，足以在狹小的空間裡施展，而且不用汽油或電力。

「你覺得會有人做出類似這樣的工具嗎？」哈威爾問佛萊迪；「我可能自己會做。」哈威爾見朋友很認眞，就說：「我會幫助你的。」

一九九一年這次偶然的談話使他們開始了夢的追尋，他們和佛萊迪的朋友弗雷德．漢普頓一起工作起來。弗雷德發明了一種有往複式刀身的手提式短鋸，這種鋸子能靠消防車的壓縮空氣提供動力，因此能在水下使用。同時，由於刀身運動幅度很小，所以能緊貼遇難者身體切割。

然後他們開始打造樣品，並爲刀身的強度測試合金。每次打造出來的刀片看來都很有希望，但實際使用卻不行，因爲刀身必須經得住每分鐘二點二萬次的震動，而他們所有的試驗品在切割擋風玻璃時，不是被卡住就是膠著不動。

失敗品一個接著一個，他們花光了積蓄，但沒有人願意放棄。一九九四年，他們終於找到了一種有希望的混合鋼鋸。他們把超硬的鋸齒固定在一根較軟的減熱刀身上，這樣，鋸塑膠和鋼的時候就不會卡住了。這鋸刀不可思議地鋒利，他們將它命名爲截鋼劍，即亞瑟王的神劍。

不久，哈威爾被請到一個車禍現場，一個十幾歲的女孩被困在一輛扭曲了的運輸車中，哈威爾匍匐在地，把一隻戴著手套的拳頭擠進了纏繞著的金屬堆中，爲他的救援工具探查路徑。「有足夠的空間，」他對隊友說，「把截鋼劍給我。」刀頭吱吱咕咕叫著，刀身緊貼著女孩的脖子切入了扭曲的金屬堆。

幾分鐘後，女孩得救了。

排險救援實業公司目前已向救難中心和車隊出售了一千多套截鋼劍，使佛萊迪的夢想成眞。發明「亞瑟王神劍」的人沒有一個發了財。然而，只要想起失去一名遇難者的痛苦和失望，哈威爾就會說：「對我來說，截鋼劍每救出一條生命，就是對我的回報。」

精明人辦事決不輕言放棄，只有鍥而不捨才能製造出亞瑟王神劍。

15 毅力是成功的支柱

做任何事情都需要用毅力去支撐。

毅力的強弱，足以影響一個人的前途。毅力是應付辦困難事的工具，毅力強，即使你的智力、能力較差，也能克服困難，達到成功之途。古人曾說：「人一能之，己百之，人十能之，己千之。」又說：「勉強而行之。」

無非是表示毅力能夠堅強，就能達到「雖愚必明，雖柔必強」的境界。毅力堅強就是至誠，能至誠必能息息，「不息則久，久則徵，徵則悠遠，悠遠則博厚，博厚則高明」。徵是毅力堅強的第一結果，博厚是毅力堅強的第二結果，高明是毅力堅強的第三結果。換言之，徵是成功的第一步，博厚是第二步，高明是第三步，總而言之，有毅力總會成功的。成功可分三步，也就是說毅力的強度可分三等。你希望能得到多少成功，就看你有多少毅力。

那麼，毅力是從哪裡產生力量的呢？就在遇到困難的時候。對於困難的演化，《中庸》分析得十分清楚：「誠則形，形則著，著則明，明則動，動則變，變則化。」形著明動變化是困難演變的六步演化，也就是向你保證。只要花一分毅力，就能得到一分成果，絕不是最後的毅力才有成果，以前的毅力卻是無用的。

毅力堅強的人，最易引起別人的同情與敬佩。某公司，常利用休息日，組織職員參加爬山運動，來鍛鍊個人的體格。年輕同事，當然樂於報名參加，但中年以上的人，多數已無此興趣，而老王卻毅然決然參加了。因爲年齡的關係，體力已差，老王出發不久便落到年輕人的後面。而在年輕人當中，有的早已捷足先登，有的卻在中途就折回去了，但老王還是努力地向上爬，雖然累得汗流浹背，氣喘如牛，而終於爬到了山頂。其上司，非常贊許老王的毅力，有一天，便親自到老王家去拜訪他，閒談之餘，更覺老王的精神令人欽佩，於是就讓老王擔任他的特助。老王辦事，也如他的爬山一般百折不撓，工作成績自然也就勝人一籌了。

所以你不必問前途困難有多少，只要問你的毅力是否始終不斷就夠了。比如炸山開路，你不停地炸，再回頭看看已炸成的路，證明你的用力，絲毫沒有白費，卻不必估計未炸的石壁還有多厚，幾日炸不完，就花上幾個月的工夫，幾個月炸不完，就用幾年的時間去炸。前面的石壁，越炸越薄，而你的毅卻取之不盡，用之不竭，以不盡不竭的毅力來對越炸越薄的石壁，則勝券在握，哪裡還會氣餒，哪裡還會失敗，哪裡還會有辦不成的事！

AQ

Adversity Quotient

第二部

效率決定實力

1 用心經營時間

一寸光陰一寸金，寸金難買寸光陰；浪費時間就浪費生命。

一位美國的保險人員自創了「一分鐘守則」，他要求客戶給予他一分鐘的時間，介紹自己的工作服務項目，一分鐘到了，他自動停止自己的話題，謝謝對方給予他一分鐘的時間，由於他遵守自己的「一分鐘服務」，所以在一天的時間經營中，幾乎和自己的業績成正比。

「一分鐘到了，我說完了！」

信守一分鐘，保住他的尊嚴，以及不減少自己的興趣，且讓他人珍惜這一分鐘的服務。

另一家公司則是爲了提高開會的品質，所以老闆買了一個鬧鐘，開會時每個人只准發言六分鐘，這個措施不但使開會更有效率，也讓員工分外珍惜開會的時間，把握發言時間。

時間是生命的重要元素之一。如果無法掌握一大段時間，不妨由一小段一小段時間開始經營。

中國北宋大臣，史學家司馬光也是一位惜時如金、苦讀不輟、終成大業的志士。

司馬光從小就機智過人，酷愛讀書。七歲那年，他聽人講《左氏春秋》，聽得入了迷，回家後講給父母聽。父親發現，年幼的司馬光竟掌握了《左氏春秋》的大意，遂大加讚賞。司馬光受到父親稱讚，更加勤讀不倦，書不離手。他整天把自己關在屋裡，饒有興趣的閱讀《左氏春秋》、《史記》等歷史名著，甚至忘了白天與黑夜，春夏與秋冬。

經過多年刻苦攻讀，十五歲時，司馬光已經閱讀了大量史書和古代文獻典籍，又經過幾年勤奮學習，司馬光二十歲時就一舉考中進士甲科，開始走上仕途。

司馬光爲官多年，除勤勤懇懇完成公務外，還想盡一切辦法擠時間從事歷史研究。爲此，他專門爲自己設計了一個圓木枕頭。這個枕頭的妙處就在於，只要人稍稍翻動，圓木枕頭便會滾動，枕上的人自然會被驚醒，因此稱之為「警枕」。每當司馬光讀書實在困倦時，他就躺下稍事休息，而他的「警枕」從來都恪盡職守，不一會兒准會把司馬光「驚醒」。司馬光揉揉紅腫的眼睛，起身又去伏案苦讀。就這樣司馬光終於成為博古通今的大學問家，編撰了《資治通鑑》這部歷史巨著。

魯迅說：「節約時間，也就是使一個人有限的生命更加有效，即等於延長了生命。」雖然司馬光因編撰《資治通鑑》長期操勞，過早的耗盡了心血，年近六十八歲就與世長辭了，但是他卻沒有浪費或者是虛度哪怕是一點點的時間，用有限的生命，譜寫了一曲生命讚歌。

所以說，時間是要經營的，就像對待一項事業那樣來經營，每個人每天都只有二十四小時，如果把十個小時用來睡覺，四個小時用來吃飯，五個小時用來娛樂，還有五個小時用於行走、整理自己、閒聊閒逛等等也是可能的，於是二十四小時一樣不夠用。但這樣的人生有什麼意義呢？也許在你放假的時候你會熱衷於此，但一年的三百六十五天，天天如此，不僅是百分之

Adversity Quotient

百的在虛度光陰，而且你自己也會厭煩的。同樣的二十四小時，你應該安排出工作、學習、娛樂、休息的時間，當然並沒有一個固定的模式說你每天需要用於工作的幾小時、睡覺的幾小時，但至少你的時間表上應該兼顧學習和休息，因爲有了學習和工作，才能感覺到每天的進步，這才是時間的眞諦。

要想眞正的掌握時間，至少應該做到以下幾點：

(1)**事先審愼地制定工作進度表**。相信筆記，不相信記憶。養成「凡事預則立」的習慣。不要把你的進度訂得過於緊迫，最好是留點時間用來應付無可避免的干擾—有些意外的干擾的確可以讓你得到解決問題所需要的資訊。如果你能制定一個高明的工作進度表，你一定能在限期之內擁有充分的時間，完成交付的工作，並且在盡到職責的同時，兼顧效率、經濟與和諧。有期限才有緊迫感，也才能珍惜時間。設定期限，是時間管理的重要標誌。

(2)**把時間分成一段一段來利用**。有時候我們感到大塊大塊的時間不好找，所以做什麼事情總覺得時間不夠，比如上班族想要進修，卻總是認爲每天上班八小時，還得加班，哪裡還有什麼時間，可是如果你能利用一些工作、生活間隙的時間，就能收穫額外的時間了。

小王每天早晨與妻子一起上班，但他的動作總是比妻子快，這樣每天他就要在車裡等妻子十五分鐘左右，小王是一個珍惜時間的人，當他發現每天都有這樣一小段時間可以利用的時候，就放一本英語書在車上，每天看幾個單詞，學幾頁英語。這樣堅持下來，雖然看不出每天有多大的收穫，可是後來小王報考在職進修時，才發現英語的試題變得很簡單，原來每天僅十五分鐘的積累已經顯出成效來了。小王等於沒有花多餘的時間在英語學習上，但已經贏得了整個英語學習。這是他「贏」來的時間。

爲後世留下諸多錦繡文章的宋代文學家歐陽修認定：「余平生所做文章，多在三上：馬上、枕上、廁上。」三國時董遇讀書的方法是「三餘」：「冬者歲之餘；夜者日之餘；陰雨者晴之餘。」即要充分利用寒冬、深夜和雨天，別人歇手之時發奮苦學。並認爲「三餘廣學，百戰雄才」。而魯迅先生，則「把別人用來喝咖啡的時間都用在了寫作上」。

看來，零碎的時間實在可以成就大事業，用「分」來計算時間的人，比用「時」來計算時間的人，時間多五十九倍。

(3)**善於一心二用**。這當然不是鼓勵你「花心」，而是說在一些情況下，我們完全可以同時做兩件事情。比如上下班的途中，坐在公共汽車上，隨身攜帶一本書，或是聽聽廣播、英語MP3，這樣當汽車行駛過程中，也沒有浪費通勤的時間，如此堅持下來，收穫會是很可觀的。

(4)**始終做最重要的事情**。時間管理的精髓即在於：分清輕重緩急，設定優先順序。成功人士都是以分清主次的辦法來統籌時間，把時間用在最有「生產力」的地方。巴萊托定律告訴我們：應該用百分之八十的時間做能帶來最高回報的事情，而用百分之二十的時間做其他事情。

最後，回顧一下清人文嘉有名的《明日歌》和《今日詩》。《今日詩》唱道：

「今日復今日，今日何其少。今日又不為，此事何時了？人生百年幾今日，今日不為眞可惜，若言姑待明朝至，明朝又有明朝事。為君聊賦《今日詩》，努力請從今日始。」

《明日歌》有云：

「明日復明日，明日何其多！我生待明日，萬事成蹉跎；世人若被明日累，春去秋來老將至。朝看東流水，暮看日西墜，百年明日能幾何？請君聽我明日歌。」

還有一首《昨日詩》：

「昨日兮昨日，昨日何其好！昨日過去了，今日徒懊惱。世人但知悔昨日，不覺今日又過了。水去日日流，花落日日少，成事立業在今日，莫待明朝悔今朝。」

2 跟時間賽跑

歲月不饒人只是一些自怨自艾者的悲觀態度，而成功者會說與時賽跑，生命永遠年輕。

我們都知道夸父追日的故事，夸父追趕太陽，開始了人類與時間賽跑的歷史。與時間賽跑，就是人要提高自己的速度。愛因斯坦有一天突發奇想：如果人的速度能夠達到光速，那麼，人的生命將無限延長，人將永遠不會老。跟時間比速度，就是要在有限的時間內提高生命的創造速度。成功的人都懂得這個道理，所以，他們能夠實現別人需要幾輩子才能夠達到的目標。

日本有個汽車推銷員，名叫椎名保文。他在豐田汽車公司的一個分公司裡工作，從一九六八年到一九八一年不到十三年時間，就推銷了四千輛汽車。

如果把十三年按月數計算，等於一百五十六個月。他每個月平均推銷汽車二十五點六輛。除了星期天和節日，每個月的實際工作日只有二十五天。那麼，椎名是以一天一輛的速度推銷汽車的，而他的顧客還都是個人消費者，沒有一個大批購買的客戶，他的速度驚人。

一般汽車推銷員平均每月推銷四到五輛，椎名一個人的推銷數是別人的五六倍。一家汽車銷售中心平均有七～八個推銷員，一個月大約平均推銷三十輛汽車，而椎名一個人的推銷量相當於一個營業所的推銷量。

椎名爲什麼能夠推銷那麼多的汽車呢？

勤奮產生效率。

左右世界金融市場的年輕富翁戈德曼說：「不奔波就好像沒有活在世界上。」他上午從九點鐘上班，一天連續工作十四個小時。據傳，華爾街年輕的富翁多半在三十歲以前就破產了。可是，戈德曼笑著說：「要想做的事堆積如山，無暇浪費時間使自己破產。」

椎名和戈德曼都是靠勤奮向時間要效率的人，他們的人生是成功的。跟時間賽跑，就是向時間要效率。跟時間比賽，就能使你的生命延長。過去，人們曾經預言：人的百米速度突不破十秒，後來，這一紀錄就被輕而易舉地打破了。

人的潛能到底有多大？這是無法估量的。只要你不斷地激發你的潛能，你就能夠提高你的創造速度。

記住：跟時間賽跑，你的生命就不會老。

Adversity Quotient

3 條理清晰秩序井然

亂七八糟的辦事方式只是給自己找麻煩，一旦使自己手忙腳亂，所辦之事很難不出錯。

一位商界名家將「做事沒有條理」列爲許多公司失敗的一大重要原因。工作沒有條理，同時又想把蛋糕做大的人，總會感到手下的人手不夠。他們認爲，只要人多，事情就可以辦好了。其實，你所缺少的，不是更多的人，而是使工作更有條理、更有效率。由於你辦事不得當、工作沒有計劃、缺乏條理，因而浪費了大量的精力，且吃力不討好，最後還是無所成就。

沒有條理、辦事沒有秩序的人，無論做哪一種事業都沒有成效可言。而有條理、有秩序的人即使才能平庸，他的事業也往往有相當大的成就。

一位企業家曾談起了他遇到的兩種人。

有個性子急的人，不管你在什麼時候遇見他，他都表現得很匆忙的樣子。如果要和他談話，他只能拿出數秒鐘的時間，時間長一點，他會伸手把錶看了再看，暗示你他的時間緊迫。他公司的業務做得雖然很大，但是開銷更大。究其原因，主要是他的工作安排得亂七八糟，毫無秩序。而他做起事來，也常爲雜亂的東西所阻礙。結果，他的事務做得一團糟，辦公桌也像一個垃圾堆。他經常很忙碌，從來沒有時間來整理自己的東西，即便有時間，他也不知道怎樣去整理、安放。

另外一個人，與上述那個人恰恰相反。他從來不顯出忙碌的樣子，辦事非常鎮靜，總是顯得從容不迫。別人不論有什麼事和他商談，他總是彬彬有禮。在他的公司裡，所有員工都寂靜無聲地埋頭苦幹，各樣東西都放得有條不紊，各項事務也安排得恰到好處。他每晚都要整理自己的辦公桌，如果有重要的信件一定會立即回覆，並且把信件整理得井井有條。所以，儘管他公司的規模要大過前述的商人，但別人從外表上總看不出他有一絲一毫慌亂。他做起事來樣樣辦理得清清楚楚，他那富有條理、講求秩序的作風，影響到他的全公司。於是，他的每一個員工，做起事來也都極有秩序，一派生機盎然的景象。

工作有秩序，處理事務有條有理，在辦公室裡決不會浪費時間，不會擾亂自己的心志，辦事效率也極高。從這個角度來看，你的時間一定會很充足，事業也必能依照預定的計畫去進行。

4 分辨輕重緩急

我們可以每天早上制訂一個工作順序表，然後再加上一個進度表，就會更有利於我們向自己的目標前進了。

根據你的人生目標，你就可以把所要做的事情制訂一個順序。有助你實現目標的，你就把它放在前面，依次爲之，把所有的事情都排一個順序，並把它記在一張紙上，就成了事情表。養成這樣一個良好習慣，會使你每做一件事，就向你的目標靠近一步。

美國的卡耐基在教授別人期間，有一位公司的經理去拜訪他，看到卡耐基乾淨整潔的辦公桌感到很驚訝。他問卡耐基說：「卡耐基先生，你待處理的信件放在哪兒呢？」

卡耐基說：「我所有的信件都處理完了。」

「那你今天還沒做的事情又推給誰了呢？」老闆緊迫著問。

「我所有的事情都處理完了。」卡耐基微笑著回答。看到這位公司老闆困惑的神態，卡耐基解釋說：「原因很簡單，我知道我所需要處理的事情很多，但我的精力有限，一次只能處理一件事情，於是我就按照所要處理的事情的重要性，列一個順序表，然後就一件一件地處理。結果，完了。」說到這兒，卡耐基雙手一攤，聳了聳肩。

「噢，我明白了，謝謝你，卡耐基先生。」幾周以後，這位公司的老闆請卡耐基參觀其寬敞的辦公室，對卡耐基說：「卡耐基先生，感謝你教給了我處理事務的方法。過去，在我這寬大的辦公室裡，我要處理的文件、信件等等，都是堆得和小山一樣，一張桌子不夠，就用三張桌子。自從用了你說的法子以後，情況好多了，瞧，再也沒有沒處理完的事情了。」

這位公司的老闆，就這樣找到了處事的辦法，幾年以後，成爲美國社會成功人士中的佼佼者。我們爲了個人事業的發展，也一定要根據事情的輕重緩急，制出一個事情表來。人的時間和精力是有限的，不制訂一個順序表，你會對突然湧來的大量事務手足無措。

5 隨時檢視工作進度

成功的標準不是做了多少工作，而是做出多少的成果。沒有成果的付出只是徒勞。

法國昆蟲學家法布爾曾做過一項「巡遊毛蟲」的有趣研究。

法布爾把毛蟲放在一個花盆的邊緣上，使它們首尾相接，排成一個圓形。這些毛蟲開始動了，像一個長長的遊行隊伍，沒有頭，也沒有尾。法布爾在毛蟲隊伍旁邊擺了一些食物，如果這些毛蟲想得到食物就要解散隊伍，不再一條接一條前進。

法布爾預料，毛蟲很快會厭倦這種毫無用處的爬行，而轉向食物，可是毛蟲沒有這樣做。出於純粹的本能，毛蟲沿著花盆邊一直以同樣的速度走了七天七夜，直到餓死爲止。

這些毛蟲遵守著它們的本能，賣力做事，卻毫無成果。許多不成功者就跟這些毛蟲差不多，他們自以爲忙碌就是成就，做事本身就是成功。

不成功者常常混淆了工作本身與工作成果。他們以爲大量的工作，尤其是艱苦的工作，就一定會帶來成功。但是，實際上，任何活動本身並不能保證成功，也並不一定是有利的。

確立目標有助於我們避免這種情況發生，如果你訂定了工作目標，又定期檢查工作進度，自然會把重點從工作本身轉移到工作成果，僅僅用工作來塡滿每一天，在現今是很難被接受。做出足夠的成果來實現目標，這才是衡量成績高低的正確方法。

6 把時間花在刀口上

時間就是辦事的效率，只有把時間有效的利用起來，才會發現時間也可以變得富裕。

從小我們就被教會「一寸光陰一寸金，寸金難買寸光陰。」但是，一旦要求你抓緊時間的時候，總是有許多的藉口，時間就在藉口當中流逝了。人的生命是有限的，古往今來，只有那些善於利用時間、懂得時間的寶貴的人，才能成就一番事業。在中國歷史上，引錐刺骨的蘇秦，以繩懸樑的孫敬，鑿壁偷光的匡衡，都是善於利用時間的典範。

匡衡是西漢時期有名的經濟學家，漢元帝時任丞相。少年時，家境極端貧困，靠替財主砍柴割草度日。雖然窮，卻酷愛讀書，只要一有機會，就抱起書簡讀個不停。緊挨著他家的鄰居是個大戶，經常大宴賓客。直至深夜，還高朋滿座，燈火通明。一天晚上，匡衡想讀書，便摸索著找到油燈，但燈油兩天前已經用完了，空空如也。他又摸摸口袋，分文全無——就算有，他又怎麼捨得拿去買燈油？他還要吃飯啊！無奈，他只得睡覺。突然，他發現隔壁大戶家紙窗上有個小孔，屋內燈光透孔而出，照在屋外地上，形成一個小亮斑。他靈機一動：如果在牆壁上鑿一個孔，那麼隔壁屋裡的亮光不就可以照進我屋子裡來了嗎？借他的亮光讀書，既省錢，又可以學到知識，豈不是一舉兩得？

於是，匡衡悄悄地在牆壁偏僻處挖了一個小洞，黑洞洞的茅屋頓時亮了一些。他高興得跳了起來，趕緊捧起書簡，靠在牆邊，對著穿牆而過的一線光亮，一字一句的讀了起來。他顧不得白天的勞累，夜晚的疲倦，只要小孔有亮，就勤讀不止。

爲了鑽研各國歷史，匡衡總是把吃飯和睡覺的時間壓至最低限度。白天，他埋頭讀書時，家人喊吃飯，也捨不得放下書。別人吃完了，飯菜涼了，還在孜孜不倦的苦讀，根本沒有吃飯的意思。晚上，有時從朋友家弄點油，一讀就讀到夜深人靜。

由於生活窮苦，匡衡的藏書寥寥可數。但研究經濟和歷史又需要掌握大量資料，非多讀書不可。爲此，他只好去朋友家借書讀。一次，一位學者允許匡衡去自己家讀書。匡衡一進書房，就被滿架書籍迷住了。他翻翻這本，看看那本，恨不得一口氣把所有藏書讀完。爲了節省時間，白天顧不上離開書房吃飯，晚上就睡在書房。一連十多天，不分晝夜的苦讀，直到把自己需要的資料全部讀完抄完才離開書房。就這樣，匡衡經過多年奮鬥，終於成爲西漢時期一位才華出眾知識淵博的大學者。

時間是擠出來的，還有一個含義，就是要把每一分鐘的時間用在「刀口」上，讓每一分鐘的時間都變得最有意義，最有價值。

舒伯坦鋼鐵公司是一家小有名氣的公司，但其經營者查理斯先生最近遇到了一些經營上的難題，公司業務進展緩慢。正當愁眉不展時，他請來著名的效率專家艾維．利幫助他克服困難。

一開始的時候，查理斯並不完全相信利能幫助他渡過難關，因爲他對於效率的理解並不太深。艾維．利在察看了他的公司以後，給他出了一個主意，說：

「請你每天晚上寫下你認爲明天應該做的最重要的六件事，並且按照重要程度，從最最重要的開始依次排列，並編上序號。第二天早上一上班，就拿出這張紙條，只看第一條，後面的全部都遮擋起來，然後就馬上開始做第一件事，這時候無論遇到別的什麼事情打岔都不去管，一直到把這第一件事情做完爲止。接著再看紙條上寫的第二件事，同樣全力以赴的把第二件事情完成。以此類推，一直到把紙條上寫的六件事情完成爲止。如果這一天只完成五件事，那也沒有關係，因爲你一直都在做最重要的事情。如果你感到這個方法很有效，就讓你的每一個員工也這樣做。半年之後，你可以按照你認爲值得的價錢給我寄一張支票。」

半年過去了，艾維．利收到了查理斯寄給他的一張兩百萬美元的支票，因爲查理斯利用他教授的方法，大大的提高了公司的效率，也就爲公司贏得了時間，這樣做的結果就是使舒伯坦鋼鐵公司變得更具競爭力了，查理斯因此渡過了經營上的難關。

7 善用閒暇零碎時間

不輕易放過閒暇的一分一秒，勞逸結合，才能構築成功的基礎。

英國文學史上著名女作家艾米莉．勃朗特在年輕的時候，除了寫作小說，還要承擔全家繁重的家務勞動，例如烤麵包、做菜、洗衣服等。她在廚房工作的時候，每次都隨身攜帶鉛筆和紙張，一有空閒，就立刻把腦子裡湧現出來的思想寫下來，然後再繼續做飯。

著名美國作家傑克．倫敦的房間，有一種獨一無二的裝飾品，那就是窗簾上、衣架上、櫃櫥上、床頭上、鏡子上、牆上……到處貼滿了各色各樣的小紙條。傑克．倫敦非常偏愛這些紙條，幾乎和它們形影不離。這些小紙條上面寫滿各種各樣的文字：有美妙的辭彙，有生動的比喻，有五花八門的資料。傑克．倫敦從來都不願讓時間白白地從他眼皮底下溜過去。睡覺前，他默念著貼在床頭的小紙條；第二天早晨一覺醒來，他一邊穿衣，一邊讀著牆上的小紙條；刮鬍子時，鏡子上的小紙條爲他提供了方便；在踱步、休息時，他可以到處找到啓動創作靈感的語彙和資料。不僅在家裡是這樣，外出的時候，傑克．倫敦也不輕易放過閒暇的一分一秒。出門時，他早已把小紙條裝在衣袋裡，隨時都可以掏出來看一看，想一想。

若論工作量，很少有人能超過英文《新約聖經》的翻譯者詹姆斯．莫法特。據他的一位朋友說，莫氏的書房裡有三張桌子，一張擺著他正在翻譯的《聖經》譯稿；一張擺的是他的一篇論文的原稿；在第三張桌子上，是他正在寫的一篇偵探小說。

莫法特的休息方法就是從一張書桌搬到另一張書桌，繼續工作。

疲勞常常只是厭倦的結果，要消除這種疲勞，停止工作是不行的，必須變換工作。一個人要是能做一種以上的事，他會活得更有勁。即使這件工作無關緊要，只要他喜歡便行。眞正的休息需要不斷和能力的來源保持接觸。就像汽車的電瓶用完了，光是把電瓶拿出來是不夠的，一定要把它拿去充電，得到新的能源，才能夠再使用。

8 從點滴做起不貪快

使你疲倦的不是腳下的高山，而是鞋裡的一粒細砂。爲什麼我們總是在費盡心力地設定高峰、計畫路線的同時，不彎腰去倒掉鞋裡的沙粒呢？

成事不足，敗事有餘，形容那些眼高手低，自以爲是的人再恰當不過了，因爲沒有人會隨隨便便能成功，成功是通過點滴積累而成的。

在公元二千年的亞洲杯足球賽上，中國隊殺進四強，半決賽中同日本隊相遇。賽前許多隊員都表示：不怕日本。比賽時教練的戰術安排沒什麼錯誤，隊員們拼勁也十足，但最終還是以二：三輸掉了這場比賽。應當說，中國隊較以往有進步，場面也不難看，但日本隊明顯技高一籌，尤其下半場完全控制了場上的主動，基本上是在壓著中國隊打。

我們這裡不是在評球，而是要說評論員黃健翔所說的兩段話：

「要說速度和身體條件，日本隊好像不如我們，他們前鋒速度並沒有我們快。可在全場的節奏上，卻好像每個日本隊員都能比我們快兩步，這樣整個日本隊就比中國隊快了兩步……中國隊引進外援時多引進前鋒，能進球見效快，日本隊職業聯賽中引進的卻是濟科等一些寶刀已老的中場大牌明星。這些球星年齡大了，也不可能多進球，但卻給日本隊員帶來良好的戰術意識、先進的足球理念。一流的中場組織……」

我們再來看經濟學家于於軾的一段話：「對於中國人來講，不用打氣的自行車輪胎，不用換的電燈泡，不漏水的水龍頭等等，幾乎是不可想像的，我們已經習慣了各種各樣的低品質日常用品，並在更換、修補中去耗費人量的時間精力，而在美國，這已是一個基本的品質標準和要求……」

日本足球隊也好，美國日用品也好，能給我們個人一種什麼樣的啓示呢？那就是：許多時候，我們會有很好的目標和方法，也會去努力學習先進者、成功者的經驗、技術，但往往只是大處著眼，而忽略了細節之處，把一些最基本的東西置於腦後而去建築美麗的空中樓閣。

日本隊員單拿出來與中國隊員拚體能，也許不是對手，可在場上每時每刻每個人都始終能多跑兩步、快了兩步；東亞球隊都在學習世界強隊的戰術，可日本隊除了這些宏觀的東西，每個人的腳下都細緻了許多；美國等世界科技強國在高科技等領域絕不含糊，但在次級產品上也絕對是一流水準。說白了，就是每個崗位、每道工藝、每個環節上的人都兢兢業業地做好自己的事，無論高科技、低科技，無論是否重要工程、國家專案，認眞、敬業已是一種骨子裡的習慣，每一道細流彙聚起來，就聚成一股領先的潮流。

一個國家也好，一個球隊也好，一個人也好，成功的經驗有千條萬條，但都離不開這一點，大處著眼，小處做起，切實加強自身的修養和素質，克服自身的各種惰性和小毛病。惟有如此，才能具備成功者的基本素質，可以征服各式各樣的困難。

不能夠正確認識自我的人是虛僞的，他們事事寬容自己，即使自己做錯了什麼，往往成事不足，敗事有餘。

我們時常想：「平時可以放鬆一點，到了關鍵的時刻再發揮好一點不就行了？」我們對自己說：「等到眞正比賽的時候，我一定會怎樣怎樣，我一定會如何如何！」

你見過以往中國男子足球隊的訓練嗎？曾經有外籍教練這樣評價當時的中國隊：「這是一支對自己不負責任的隊伍。」因爲中國國家隊的隊員在平時訓練的時候非常懶散，往往是練一會兒就休息半天。不認眞聽教練的指導，一個人擺些花架子，盡練些不實用的技術。這種平時懶散的作風已經在隊伍裡蔚然成風。即使是打一些教學比賽，也總是看到國家隊的隊員無精打采地在場上「走動」，一旦有一個球稍微傳得大了一點，就懶得去追。當教練責怪他們的時候，他們常說一句話：「這又不是眞正的比賽，爲何那麼正式呢？」

不錯，這確實不是正式的比賽，但是平時的訓練就不重要了嗎？養兵千日，用兵一時，如果沒有平時兢兢業業的千錘百煉，上了戰場怎麼能夠對抗實力強大的敵人。反觀其他足球發達國家的訓練，都是高強度，高對抗，儘量能夠使每場訓練和比賽都符合眞實比賽中的狀況。

私底下的每一次訓練和準備都是爲成功作準備，成功並非垂手可得，需要在成功的過程中拋頭顱，撒熱血，只有努力努力再努力才能夠獲得成功。那些輕視平時比賽，輕視平時訓練的人，在比賽眞正來臨的時候只能是「心比天高，命比紙薄」。

那些在平時訓練和準備過程中認眞對待的人則相反，由於一直接受了高強度的模擬訓練，他們更容易在關鍵的比賽中在關鍵的時刻表現出鎭定的姿態，因爲，在他們心中這無異於平時的一場簡單的比賽和訓練。

平時懶散慣了的人，重要場合讓他緊張十分鐘他就會難以忍受。相反，如果平時就已經很嚴格地要求了自己，那麼在一些緊要關頭，他會比平時更認眞。

9 決不優柔寡斷

優柔寡斷就是浪費機會，成功就會與其擦肩而過。

不要追求盡善盡美。「金無足赤，人無完人」，只要不違背大原則，就可以決定取捨。

遇事優柔寡斷，拿不定主意，這是處事中常見的現象。有人想買台液晶電視，由於價錢較高，又不是大品牌，便反覆比較，反覆動搖。結果跑了許多家商店，去了許多次，還是無法決定。心理學家認爲，這種拿不定主意、優柔寡斷的心理現象是意志薄弱的表現。

爲什麼有些人辦事易反反覆覆、優柔寡斷？有下列幾點原因：

⑴心理學認爲，對問題的本質缺乏清楚的認識，是使人拿不定主意，並產生心理衝突的原因。只要留心觀察，就不難發現優柔寡斷多發生在年輕人身上，這是因爲年輕人涉世未深，對一些事物缺乏必要的知識和經驗的緣故。

⑵俗話說：「一朝被蛇咬，十年怕草繩。」一旦遇到類似的情境，便產生投射作用，躊躇不已。

⑶一般說來，優柔寡斷者大都具有如下性格特徵：缺乏自信，感情脆弱，易隨波逐流，過分小心謹愼等等。

⑷這種人從小就在倍受溺愛的家庭中長大，過著「茶來伸手，飯來張口」的生活，喜歡依賴父母、兄弟姐妹。這種人一旦獨自走上社會，辦事易出現優柔寡斷現象。

另一種情況是家庭從小管教太嚴，因而造就出只能循規蹈矩，不敢越雷池一步的個性。一旦情況發生變化，這種人就擔心不合要求，而拿不定主意。

那要如何克服這種辦事拿不定主意、優柔寡斷的毛病呢？

(1)培養自信以及獨立自主的性格。

(2)心理學認爲，人的決策水準與其所具有的知識經驗有很大的關係。一個人的知識經驗越豐富，其決策水準就越高；反之則越低。這也就是俗話所說的「有膽有識，有識有膽」。

(3)「凡事豫則立，不豫則廢」。平時常動腦筋，勤學多思是關鍵時刻有主見的前提和基礎。

(4)排除外界干擾和暗示，穩定情緒，由此及彼、由表及裡仔細分析，亦有助於培養果斷的意志。

其實，猶豫之心人皆有之，但並非所有情況都會在同時發生，它甚至根本就不會發生，因爲猶豫是來自自己的想像，只要有堅強的意志力便能將之克服。若能了解這些，接下來的就只有如何去克服問題。如果你能再達成下列幾種心理建設，則剩下來的問題也將煙消雲散。

每當面臨一個新的機會，在斟酌得失之間，猶豫便會在你的內心裡悄然出現，阻撓你致勝的決心。這雖然是每個人都有的心理變化，但若不趁早加以克服，將會慢慢累積擴大，當它爬滿你的心，進而侵蝕你的骨髓時，就難以救治。

消除猶豫的方法，除了正面迎擊，別無他法。因爲猶豫一旦被姑息，便會常留在你的身邊，把機會從你身旁逼走。因此，爲能獲得機會，就必須先消除猶豫。只要完成這個步驟，就會有許多的工作機會迎面而來，多到使你不得不從中選擇，使你沒有時間去考慮害怕的問題。

請牢記，對自己絕不可放縱，應正視自己的問題，並從正面去解決。譬如你害怕在大庭廣眾前發表意見，就應在人庭廣眾前與人交談；如果你爲了加薪問題想找上司談判，但因心生膽怯，事情一拖再拖，一直無法獲得解決，建議你不妨一鼓作氣走到上司面前，開門見山地要求加薪，相信結果一定比你想像的還好。

如果你現在尚有未完成而需要完成的事，切勿遲疑，趕快開始行動吧。

10 不要期望明天

昨天，是張作廢的支票；明天是尚未兌現的期票；只有今天，才是現金，才能隨時兌現一切。

有時間時沒有錢，有錢時沒有時間，錢和時間都有了的時候，卻又沒有了好身體。今天想明天，眞到了明天卻又在懷念昨天，什麼時候會面對現在呢？

記得曾經有位多愁善感的女孩曾給我寫過這樣一封信：「我白天要上班，晚上要上夜大進修班，整天好像是緊張充實，又像是渾渾噩噩，我沒有時間去看清晨的日出和彩霞，晚上與星星談談心，駐足於草坪花叢聽聽花兒、草兒生長的聲音，我幻想著有一天我能放下這一切的俗務，到海南到西雙版納到夏威夷去度假，那時我該有多快樂……」

在給這位女孩回信時，我說：「你的幻想是很美麗的，足以讓世上的大多數人動心，但也許它實現的機會很小。其實要享受生活、要快樂並不需要那麼多的附加條件，你現在完全可以做得到。你雖然很忙碌，但完全有時間有條件滿足你與太陽、星星、花草的約會，不要把這些享受留待明天。只要你今天有享受的心情，你就完全能做到，明天會有明天的不如意和制約條件，是靠不住的，甚至你還會懊惱今天沒有好好享受年輕的心情與生活呢。快樂、放鬆與享受生活不需要太多的條件與藉口，它最需要的只是一種你需要面對今天的現實，給自己今天的快樂，另外一個時空會有另外一種快樂，錯過了今天，你也就錯過了今天的快樂。而且不只是休閒娛樂中有快樂，工作、學習中也有快樂，它隨處躲藏，需要你用心靈去體會，對嗎？

現實是一種難以捉摸而又與你形影不離的時光，如果你完全沉浸於其中，就可以得到一種美好的享受。抓住現在的時光，是玩耍的時間就盡情地玩耍，是休息的時間就暢快地休息，是工作的時間就認眞地工作。怎麼可以總是『身在曹營心在漢』呢？抓住現在的時光，這是你能夠有所作爲的惟一時刻。不要期待在將來生活的某一天，會發生奇蹟般的轉變，你一下子變得事事如意，幸福無比。未來永遠沒有你想像的那麼美好、如詩如畫，它也只能是將來的一種切切實實的現實。」

我有位老同學，當我們還在上高中時，他說：現在眞是太緊張了，沒有時間和心情玩，等上了大學我們一定要好好享受生活。上了大學他又說：現在就業形勢這麼嚴峻，還得拚命學才能有份好工作，賺到了錢再去享受吧。工作後他仍發現沒有時間和心情去玩去享受，結婚、房子、車子、孩子……也許等到要退休或臨終時他會怎麼想呢？我這一輩子，什麼時候才可以放鬆享受呢？

迴避現實幾乎成爲一種流行疾病。社會環境總是要求人們爲將來犧牲現在。根據邏輯推理，採取這種態度就意味著不僅要避免目前的享受，而且要永遠迴避幸福——將來的那一刻一旦到來，也就成爲現在，而我們到那時又必須利用那一現實爲將來做準備：幸福遙遙無期。而且終有一天，我們又會陷入對以往的追悔中。

還有另外一種典型的例證就是父母對孩子的心態。孩子小時，他們想：現在眞累眞煩人，等孩子大了就好了。孩子大些了，上學了，還是操不完的心。等到有一天，孩子不需要他們操心了，獨立生活了，他們守著空巢，又在想：孩子小時候多可愛啊，那時候如何……在這個過程中每個階段的樂趣都被他們錯過，他們就在這種明天與昨天的交替中失去了今天。

喜歡運動的人卻爲了埋首辦公室而放棄上體育館的機會，也許你可以告訴自己：因爲太忙了。實際上果眞如此嗎？誠懇的面對自己吧！

有許許多多的動力，必須由想要達成的目標來激發，這樣所造成的成效也往往較佳，因此，現在就列下希望達成的目標，然後，腳踏實地的去完成吧！

11 拖拖拉拉坐失良機

誠懇的面對自己吧！有許許多多的動力，必須由想要達成的目標來激發，這樣所帶來的成效也往往較佳，因此，現在就列下希望達成的目標，然後，腳踏實地的去完成吧！

人需要忠於自己的良心來做眞切的剖析與告白，才能活得自由自在。一般人之所以會拖欠一些較爲重要的事物，多半是因爲來自於害怕做不好，而懷疑自己能力，但是，如果連幾分鐘就可以搞定的小事也是一拖再拖，其動機就不只是這麼單純了。這種狀況通常與注意力的集中是否有相當大的關聯。

因爲，當我們手頭上總是有一些未完成的瑣事時，往往就會不斷地東摸摸西摸摸，分散掉眞正所應該注意、但卻不願去面對的事物注意力。如此一來，大部分的時間，自然就可以有藉口來以較省力的方式，處理一些極其簡單的事物，這就是惰性使然所造成結果。

這種行爲模式的影響是多方面的。表面上，我們會義正嚴辭地告訴自己或他人：我之所以這麼拖拖拉拉，是因爲有太多重要的事等著我去做，所以，我根本沒有時間來做這些瑣事！但是實際上，你不但一堆瑣事放著不做，連所謂重要的事，也不見得有什麼進展；而其結果，常常會以看一整天的電視作爲收場，壓根兒根本什麼事都不想做！

先將一些十分鐘之內應該完成的事務，詳細地列成一張清單，然後每天照表去執行，這時可能會碰到一些狀況，比方說：天呀！該做的事好多呦！沒錯，所謂凡事起頭難，而當完成第一件事情後，我們全隨之發現：其實所用去的時間，可能遠比最初所列出的時間要短了許多。

其次，這可以更清楚地表明處埋事情的優先順序，因爲我們會赫然發現：其實並不是所有的瑣事，都是同等重要的，其中有一些事情，也許得過一段時間後再處理才會比較有效率，而另有一些事情則甚至不用去理會都無傷大雅，所以，我們就乾脆把它從清單上剔除掉算了。

這項練習的另一個好處，就是訓練自己，如何向自己負責，因爲每天規定自己做好兩件花不到十分鐘的事情，並不是一件多麼困難的事，人之所以習慣原因揪起苟且，其實只是不做而已，並非不會做。

如果你每天被一大堆的瑣事牽絆著，才會覺得人生是充實的話，那麼你眞的應該花上一些時間，好好冷靜地重新檢討一下人生眞正所追求的目標何在。

12 不讓懶惰拖累

有的時候，事情拖延的原因也許是你不喜歡做，或許與你的個性或專長有關。這時候，你可以把它委託給別人去做。這樣，事情也做了，你也沒有拖延，對雙方都是是一件好事。

懶惰使時間悄無聲息地流逝。有些時候，我們所做的事情並不都是有意義的，有些甚至是在浪費自己的時間和生命。浪費時間，也是我們事業中的一大敵人。

浪費時間，有兩種浪費情況。一種是主動浪費，一種是被動浪費。所謂主動浪費，是指由於自身的原因而造成時間的浪費。譬如說，你明明知道睡一覺時間會白白地逝去，可你偏偏要睡一覺。所謂被動浪費，是指由於他人的原因或突發事件而造成的時間浪費。比如說在上班時間，你的同事與你白白閒聊了兩個小時，這兩個小時就是被被動浪費了。

人都有惰性。睡在陽光下，暖洋洋地不想起來；坐在樹蔭下聊天不願工作或沉迷於員工休息室中流連忘返，致使好多應該做的事情沒有做，也使好多本應成功的人平平淡淡，其罪惡之首，就是懶惰。懶惰是一種習慣，是人長期養成的惡習。這種惡習只有一種成果，那就是使人躺在原地而不是奮勇前進。因此，要想具有一定成就就要改掉這種惡習。

一天的時間如果排得滿滿的，讓工作壓得喘不過氣來，促使你盡最大努力地投身到工作中去，你就會無形之中在忘我的工作中改掉懶惰。

「在家有父母，出外有朋友」，這是很多人養成依賴心理，導致懶惰的根源。如果把你放在一個遙遠的地方，在陌生的環境中生活，你就會自食其力，改掉懶惰的習慣。

有的人在工作中，稍有壓力就放下不做了或等待明天再做，這樣一拖再拖，就有很多的事情被耽誤下來，而時間卻悄無聲息地流失了。如果你有這樣的習慣，那你就是在浪費自己的生命。

許多人的拖延，是因爲形成了習慣。對於這樣的人，無論用什麼理由，都不能使他自覺放棄拖延的習慣。因此，需要重新訓練，培養他們良好的積極工作的習慣。

一個人再拖延，事到臨頭還是必須硬上，正如房子著火了，他就不得不迅速逃生一樣。明白了工作的重要性，就不會再拖延下去，以免造成危害和其他人的不滿。

13 忙裡偷閒適度放鬆

在忙碌的工作中要保持最佳狀態，成天緊繃著神經是不行的，我們每天應練習輕鬆，一方面消除壓抑，另一方面可提供你自身的鎮定劑。這種鎮定劑你可以隨身攜帶參加各種活動場合。但切記：要保持輕鬆的態度，以保護自己免受刺激物的干擾。

過度的謹慎，或避免做錯的憂慮，是一種過度的否定意識。正常人要達成目標時，如果過分用心，或「過分謹慎」地想避免犯錯，往往會發生像上述一樣的情況。病理學上的某些狀況，例如頭腦某處受傷，可以明顯地看出這種「目的顫抖」。

舉例來說，病人不需做任何事情時，他可以將手舉得穩穩的，但是他要將鑰匙插在面前的鎖孔裡，手將會歪歪扭扭地斜很多；他能穩穩地拿住一隻鋼筆，但要他簽名時，他的手就抖起來了，就無法控制。假如他從此而不想在陌生人面前出洋相，他或許會根本簽不出字。

這些人可以很有效地加以復健，方法是訓練他們放鬆自己，放鬆他們過度的努力與過度的「想達到目的」，使他們不要過於謹慎地想避免或「失敗」。

以口吃的情況來說，口吃的人心裡老是想可能犯的錯，而又過度謹慎地想避免說錯，結果是抑制說話與阻礙行動，過度謹慎與憂慮是同一事的兩面，兩者都過分關心可能的失敗或關心「做錯事」，都與竭力要做對事情有關聯。

有些意識的信號，可以告訴你是否因爲壓抑過分或壓抑過少而離開正路，如果你經常因過分自信而惹上麻煩，習慣性地「闖進別人不敢踏入之處」；就會因爲衝動而常常陷入困境；要是你總是「先斬後奏」而使目標發生反效果；要是你永不認錯，那麼你很可能缺少壓抑，必須三思而後行，停下來仔細地考慮你的言行。

最好在心裡明確地記住一個事實：我們受擾的情緒——忿怒、敵意、恐懼、憂慮、不安等，它們的產生是由於我們本身的反應，不是由於外在的東西。反應就是指緊張；缺乏反應就是指輕鬆。科學的實驗一再證明，你的肌肉只要保持於完全輕鬆的狀態下，你根本不可能覺得忿怒、恐懼、焦慮、不安。這些反應本質上是我們自己的情緒。肌肉的緊張是一種「行動的準備」或是「反應的準備」；肌肉的放鬆帶來「心理的輕鬆」中平靜的「輕鬆態度」。因此，輕鬆是自然的鎮定劑，它在你與干擾的刺激物之間豎起一塊心理的「帳幕」或撐一把「雨傘」。

基於同樣的理由，肉體的輕鬆的確是一種有力的「壓抑袪除劑」。壓抑是起於過度的意識，或是對否定意識的過度反應，輕鬆意識不反應。

用笑臉來迎接悲慘的厄運，用百倍的勇氣應付一切的不幸。這樣，你會幸福的。

現代生活的一個最大特點就是高速性，因爲現代人的時間觀念變了，生活節奏大大加快。於是人們的心理節奏日趨緊張，精神負荷日益加重，很容易發生心理過激反應。除了引起失眠、易怒、煩躁、疲乏等情緒變化外，還可能導致高血壓、冠心病、心肌梗塞、糖尿病、潰瘍病等嚴重後果。

在不可避免的快節奏生活中，如何擺脫和控制緊張情緒。這對每一個現代人來說，都是十分重要的。這就要有樂觀的情緒、開闊的心胸，更重要的是通過主觀努力，加強控制和調整自己的生活節律，改變不良生活習慣，在快中求慢，緊張中求鬆弛，避免人爲的緊張。

要合理安排每天的工作、學習和生活，實事求是制定出每日、每週，甚至每月的工作計畫的目標。掌握時間的主動權，儘量避免由於時間安排與實際活動的衝突而造成的手忙腳亂。俗話說：一步慢，步步慢，事情也會越積越多，造成心理壓力而惶惶不可終日。

應在每天工作生活的時間安排上計算提前量，養成遇事提前做的好習慣。例如，你清晨起床、梳洗、用早餐，然後趕車準備八點上班，恰好要用去一個半小時時間。若六時半起床時間剛夠用，那麼，你不妨六時即起床，這樣留有半個小時的餘裕，可使做事從容，也能在上班途中如遇到堵車等意外時能不急不躁，減少心理壓力。其他如訪友、看球賽、看電影也應當如此。

在你家庭中瑣事最爲煩心，尤其是雙薪家庭中爲此常鬧矛盾。因此應做科學安排，要學會立體安排時間，也就是用「運籌學」的方法。例如早晨起床後，可先熬上米粥或泡杯牛奶，然後擰開收音機，邊聽廣播邊刷牙洗臉，中午或晚上做飯的同時可安排洗衣服或打掃室內衛生。晚上看電視也要預先根據節目安排，喜歡的則看，不喜歡的則不要看，不能一坐下就不起來，可抽時間做些小手工或編織。

另外，應在平時的休息時間統籌安排並做些家務，這樣到星期日或節假日就會名副其實地從容享受休息的樂趣。

無論工作學習多麼繁忙，都應忙裡偷閒，每天留出一定休息和「喘氣」的時間，散散步，聽聽音樂或進行一些力所能及的體育活動。

毋須諱言，現代生活不只是快節奏，同時也充滿了激烈的競爭。但個人能力總是因人而異且是有限度的，因爲每個人都應實事求是地衡量和估計自己。絕不要拚命蠻幹。最後落得事業未成，身體拖垮，得不償失。生活上則要知足常樂，量入爲出，不盲目攀比、追求虛榮。

常言說：「人比人，氣死人。」堅持合適標準，在合理收入的範圍內安排好自己的生活，這樣你就會常常感到心安理得，從容自在。

人的一生不可能不遇到困難，也不可能沒有挫折，而貴在遇到困難的不氣餒，而對挫折不自卑。要有勇氣和自信心。相信自己的力量，這樣有利於理清思路，從而從挫折中總結經驗，戰勝逆境，解脫難題。

Adversity Quotient

第三部

信念決定極限

1 信念的重要

拿破崙．希爾曾說：「信念就是『不可能』這毒素的解藥。」海倫．凱勒的一生，就闡明了這話的眞理。

拿破崙．希爾博士在其《心理創富》一書中提出：財富＝想像力＋信念。

信念就是信心、愛心和恆心的合一。信念是一種指導原則和信仰，讓我們明白了人生的意義和方向。一個沒有信念的人，就像缺少了發動機的汽車，不能行進一步。所以在人生中，必須要有信念的引導，它會幫助你向著目標，不斷的追求，創造你想要的人生，使你在人生中做任何事都成功。可以說，這種信心的力量是驚人的，它能改變惡劣的現狀，創造美好的未來。充滿信心的人永遠擊不倒，他們是事情的主辦者。信心是成功的秘訣。

信心對於成功者具有重要意義，成功的欲望是創造和擁有財富的源泉。

人一旦有了這種欲望，並經由自我暗示和潛意識的激發後形成了一種自信心，這是一種相信自己能獲得成功的信念。這種信心轉化成一種「積極的感情」，它能幫助人們釋放出無窮的熱情、智慧和精力，進而幫助人們獲得財富與事業上的巨大成就。

自信是成功的一種保證。因爲缺乏自信的人生是不可能有所建樹的。「個人心理學」的創始者阿德勒醫生發現，每個人都有自卑情結。自卑感是這樣形成的：我們在孩提時候，覺得父母都比我們大，而自己是最小的，要依靠父母，仰賴父母；另一方面，父母會加強我們這種感覺，令我們不知不覺中，產生了「我們是弱小的」這種感覺。這種社會文化因素造成的自卑感，並不會因爲年紀稍長而自動減低。也由於這種基本的自卑感，每一個人都有一種補償心理——優越感的追求，意願則是戰勝人性弱點的法寶。

每個人都會面臨困境，只有對生命的熱忱和永不服輸的意志才能促使我們面對困難，不氣餒，一次一次的嘗試，不斷努力工作而直到成功。旅館業大王希爾頓的話令我們深思，他說：「成功是誘人的。然而通往成功的道路上卻是荊棘密佈，險象環生，在無以數計的挫折、失敗面前，是勇往直前，還是一蹶不振？」對希爾頓來說，得意時使他更具遠見和信心，而失意時則會體會到眞正的謙卑。美國經濟大蕭條時期，希爾頓欠債累累，一籌莫展。朋友把他拉進了一次價值十一萬元的「賭博」——投資。希爾頓借到了五萬五千美元，如果成功，數目就翻倍；如果失敗了，將再次變得一無所有，此時的希爾頓口袋裡僅有八角八分錢，他孤注一擲在借據上簽了字。因爲他希望成功，他明白如果不給自己信心，不做出決斷，他就不會再擁有機會。以後的三年中，他的這一次投資——油礦爲他付清了所有的欠款。

每個人在失敗時都會出現懷疑自己的情緒，重要的是如何調整自己，盡快從自卑感籠罩的失敗感中走出來，把握好往後的機會。正如一句話所說：如果你爲錯過了太陽而哭泣，那麼你又會錯過月亮了。

海倫．凱勒是著名的殘障人士，她的一生，就是「信心」的寫照。她在導師安妮．蘇利文女士的悉心培養下，克服了多重殘障，學會了閱讀、寫作與說話，在哈佛大學的雷德克里夫以優異成績獲得學位，並取得一系列的榮譽。她的毅力震撼了世上所有的人。海倫十九個月大的時候，得了一場疾病，變成了一個又瞎又聾的啞巴。疾病使小海倫性情變得孤僻而暴躁，她雙親絕望之餘，聘請了一位教師照顧她，誰也沒想到，這位安妮．蘇利文女士成了海倫的光明天使。

蘇利文僅用一個月的時間，就和完全生活在黑暗中、沉默不語的海倫取得了溝通。她教給海倫的是：自我成功與重塑命運的工具——信心與愛心。關於這件事，在海倫．凱勒所著的《我的一生》中有感人肺腑的深刻描寫：一個年輕的復明者（蘇利文曾在十四歲時差一點失明，後被醫院治好），沒有什麼「教學經驗」，全憑無比的愛心與驚人的信心，灌注到一個全聾全盲全啞的小女孩的身上——光靠著身體的接觸，爲大家的心靈架上一道橋，可通過心靈互相溝通。海倫在自傳中描述一個既瞎又聾且啞的少女，初次領略到語言的喜悅時，她寫道：「在我初次領悟到語言存在的那天晚上，我躺在床上，興奮不已。那是我第一次希望趕快天亮——我想有其他人可以感受到我的喜悅吧。」仍然是失聰、耳聾、眼瞎的海倫，憑著觸覺學會了與外界溝通。她十歲多就名揚全美國，成為殘障人士的模範。

海倫並不因為引起國內的關注而自滿，她繼續孜孜不倦的接受教育。在二十歲那年，進入大學就讀，蘇利文教師和她同行。這時，她已經可以通過盲人觸摸點字的方法「看」書，能夠寫字和說話，接著，她又學會了用打字機著書和寫稿。海倫克服了許多殘障，她對生命充滿信心，充滿熱忱，她喜歡游泳、划船、下棋、編織、用撲克牌算命以及在森林中騎馬。大學畢業後，她的演講、著書和公眾活動頻繁，推動保障肢體殘障者的福利工作。

海倫雖然是位盲人，但她讀過的書卻比視力正常的人還多得多。而且，她還寫了七本書。她的耳朵全聾，但她卻比正常人更懂得鑑賞音樂。有九年時間，她完全不會說話，後來，她卻能巡迴全國各州發表演講，甚至有四年時間致力於戲劇的演出。

海倫的一生，是成功者的一生。她用信心和毅力克服了肢體殘障，創造了心靈的財富。

Adversity Quotient

2 自信決定人生高度

噴泉的高度無法超過它源頭的高度；同樣，一個人的事業成就也絕不會超過他自信所能達到的高度。

不強烈地渴望成功、期待成功而能取得成功，天下絕無此理。成功的先決條件，就是自信。

據說拿破崙一上戰場，士兵力量會增加一倍。軍隊的戰鬥力，大半寓於士兵對將帥的信仰之中。將帥顯露出疑懼驚惶，全軍必然要陷於混亂、動搖；將帥的自信，則可以加強他部下健兒的勇氣。

人的各部分的精神能力，像軍隊一樣，也應該信賴其主帥——意志。有堅強的意志與自信，往往能使平庸的男女成就那些雖然天分高、能力強、但是多疑與膽小的人所不敢嘗試的事業。

你的成就大小，往往不會超出你自信心的大小。假使拿破崙認爲爬過阿爾卑斯山太難的話，那麼他的軍隊就無法攀越阿爾卑斯山。同樣，假使你對自己的能力存著重大懷疑的話，那麼你這一生，就決不能成就重大的事業。

在這世界上，有許多認爲別人所擁有的種種幸福是不屬於他們的，認爲他們是無法得到的，認爲他們不能與那些鴻運高照的人相提並論。然而，他們不明白，如此缺乏自信，是會大大削弱自己的生命力的。

「假使他想他能，他就能；假使他想他不能，他就不能。」當然，這一信心是要建立在客觀規律的基礎上，胡思亂想是不行的。

自信心是比金錢、勢力、家世、親友更有用的條件。它是人生可靠的資本，能使人努力克服困難，排除障礙，去爭取勝利。對於事業的成功，它比什麼東西都更有效。

假使我們去研究、分析一些有成就的人的奮鬥史，我們可以看到，他們在起步時，一定是先有一個充分信任自己能力的堅強自信心。他們的心情意志堅定到任何困難艱險都不足以使他們懷疑、恐懼的程度。這樣，他們就能所向無敵了。

有人說過：「假使我們自比於泥塊，那我們將眞的成爲被人踐踏的泥塊。」

我們應該覺悟到「天生我材必有用」；覺悟到造物主養育我，必有偉大的目的或意志，寄於我的生命中；萬一我不能充分表現我的生命於至善的境地、至高的程度，對於世界將會是一個損失。

人非聖賢，合理的目標通過努力可以達到，但絕不能超乎想像，脫離實際，否則，世界上的一切對你來說沒有多少意義。

天上有隻鳥在飛。一位扛鋤頭的人歎氣道：牠四處飛翔爲覓一口食。另一位依窗站著的少女也正好在看這隻鳥，她歎氣說：牠眞幸福，有一雙美麗的翅膀。面對同一種境況，不同的人有不同的心情、理解。滿懷激情，你就會有一種振奮的感覺；失意悲觀，你就會有一種痛苦或失落的感歎。當自己人生理想不能實現，或者見解、行爲不爲世人所理解時，都會使人迷失。現實生活中的種種情緒，會使人對境況產生相同的或近似的聯想、類比。正如英國人狄斯累利所說：「境遇不造人，是人造境遇。」

「由於人們很容易將思維編入既存的框架裡，或滿足或失意或進取等等，產生「命中註定」或「無法更改」的思維定式。例如：逐漸失去踏出圍繞我們的框架的勇氣，然後將自己對人生的夢想和野心一個個拋棄掉。而沒有追逐夢想實現野心的激情，人生將會缺乏激情。

境由心造，現實需要我們面對，需要我們好好把握。

3 不要安於現狀

幾乎人人都可以像蜘蛛那樣，從體內吐出絲來結成自己的空中堡壘——它開始工作時只利用了樹葉和樹枝的幾個尖端，竟使空中佈滿了美麗迂回的路線。

這個世界上安於現狀的人實在是太多了，他們總是想：「就這樣活著吧，機遇不好，老天對我不也不公平。」於是你越這麼想，你就越覺得心安理得，你也就越放鬆自己，得過且過地過日子。

社會很容易抹殺人的特質。很多人進入社會後都覺得自己的稜角徹底被磨平了，以前所擁有的那些期望和志向，早已在不知不覺中消失了。

李揚是中國著名的配音演員，被戲稱爲「天生愛叫的唐老鴨」。李揚國中畢業後進入軍隊，在部隊當一名工程兵，他的工作內容是挖土，打坑道，運泥漿，建房屋。可是李揚明白，自己身上潛在的寶藏還沒有開發出來：那就是自己一直喜愛的影視藝術和文學藝術。

在一般人看來，這兩種工作簡直是風馬牛不相及。但李揚卻堅信自己在這方面有潛力，應該努力把它們發掘出來。於是他抓緊時間工作，認眞讀書看報，博覽眾多的名著劇本，並且嘗試自己創作。退伍後李揚成了一名普通工人，但是他仍然堅持不懈地追求自己的目標。沒有多久，大學恢復招生考試，李揚考上了北京工業大學機械系，成了一名大學生。從此，他用來發掘自己身上寶藏的機會和工具一下子多了起來。經幾個朋友的介紹，李揚在短短的五年中參加了數部外國影片的中文配音的工作。

這個業餘愛好者憑藉著生動的、富有想像力的聲音風格，參加了《西遊記》中的美猴王的配音工作。一九八六年初，他迎來了自己事業中的輝煌時刻，風靡世界的動畫片《米老鼠和唐老鴨》招募中文配音員，風格獨特的李揚一下子被迪士尼公司相中，為可愛滑稽的唐老鴨配音，從此一舉成名。李揚說，自己之所以成功，是因為一直沒有停止過挖掘自己的長處。

尺有所短，寸有所長，每個人都會有自己的長處——屬於自己的寶藏，開啓寶藏之門的鑰匙就在自己的手中，輕言放棄，這些寶藏就永無見天之日。也許你現在並不如意，但永遠不能放棄的是成功的決心和鬥志，更為關鍵的是你能不能正確地意識到什麼是自己最擅長的，儘管因為現實的某些原因不得不在現在的位子上待著，但總要找到自己的寶藏，並努力去開採它。

4 敢於反對權威

在接受任務之前一定要先思考，不能面對權威就妥協。

一個十二歲的孩童向歷史上最暴戾的皇帝秦始皇說「不」，卻獲得了賞識。歷史傳說小小甘羅十二歲拜上卿，秦始皇對他的評價是「孺子之智，大於其身」。這些都或許源自一次他跟秦始皇關於「公雞下蛋」的辯論。

秦始皇聽信方士吃公雞蛋能長生的話，便命令甘羅的爺爺前去尋找。「爺爺，您有什麼心事嗎？」甘羅看到愁眉不展的爺爺在房間裡走來走去，便上前問道。

「唉，皇上聽信方士的話，要吃公雞蛋以求長生。現在命令我去找，要是三天之內找不到，就得受罰。」

甘羅一聽，也著急起來。不過他靈機一動，有了主意。「爺爺，你不用再爲此事操心，三天後我替您上朝去，我有辦法應付皇上。」聽了甘羅的話，一向信任他的爺爺也就放下心來。

三天的期限已到，甘羅不慌不忙地隨著一班大人走進宮殿。

秦始皇認識他，暗想一個小孩跑進宮殿來簡直是無禮，便生氣的問：

「你來做什麼？是不是你爺爺找不到雞蛋不敢來了？」

「啓稟陛下，我爺爺來不了。」甘羅冷靜地說，「他在家生孩子，所以我只得替他來上朝了。」

「胡說！」一句話把秦始皇逗樂了，「你這孩子，男人怎麼會生孩子？」

「既然公雞能下蛋，爲什麼男人就不會生孩子呢？」甘羅反問道。

秦始皇一聽，自然知道自己錯了。同時也看出了甘羅不簡單，便對他破格錄用。

小甘羅利用歸謬法（又稱反證法或否證法）使秦始皇發現自己的觀點自相矛盾，他再狠也是一個明理人，當然不會拒絕甘羅的「不」。

5 行動比說更重要

能說不如能做，與其拚命地說不如實際去做。只要結果做好了，就不用費口舌去說。

計畫主動說服他人的一方，倘若沒有包容對方的雅量，或者拒絕與對方建立和諧的關係，當然會有徒費口舌，卻無法奏效之歎了！我們若想將自己的意念，傳達給對方，並使其欣然接受，首先必需敞開胸懷，傾聽對方的肺腑之言，了解彼此的需求，然後積極地表示關心對方，爭取對方的好感，所謂「攻心爲上」，對方必定會心悅誠服。

有位汽車業的仲介，根據多年的工作經驗，觀察推銷的成功率是「滔滔不絕，賣瓜且自誇者三；沉默寡言，虛心求教者八」。他指出許多業務員，憑藉三寸不爛之舌，想從正面說服顧客，其成功率僅三成而已。至於那些能夠控制自己的談話時間，耐心地聆聽顧客的批評或建議，然後謙遜有禮地提出改進之道者，必能贏得顧客的好感，其成交的比例，也就高達百分之八十以上了。

某大企業的負責人，曾經邀請十位該年度招攬壽險成績最佳的業務員，召開座談會，請他們將自己的心得，傳授給新進職員。令人驚訝的是，十位成功的業務員，竟然都屬於木訥型。由這些實例，我們可以發現，一般人對不善辭令者，較不會產生警戒心；同時常會不自覺地向對方吐露自己的心聲，以致說服者反而成爲忠實的聽眾。此種深獲我心的舉動，自然會使我們無條件地接受對方的指示，掏腰包購買他所推銷的產品了。

著名的女性精神分析醫生萊希曼曾經表示，在心理治療的過程中，傾聽病人談話是極重要的一環。醫生可以藉此掌握病人的心理動態，雙方產生「理解與共鳴」，成爲診治的第一個階段。但是，在傾聽的同時，絕不可像個木頭人般，任憑對方嘮叨。否則，對方必定會意興索然，而產生不滿。如果想提高對方談話的興致，使其自動開啓心扉，就必須輸送「我正在洗耳恭聽」的訊號，以點頭表示同意，上身前傾做出關懷狀，表情親切，微笑著安慰對方……同時，用誠摯的語氣說話。如：

「唔！是的！」、「我非常了解你的感受……」、「你的意見很寶貴……」這樣，將使對方產生受重視的喜悅。

對待那些企圖藉做作的神態或言詞，來掩飾警戒心的人，必須更有耐心地善加撫慰，使他逐漸放鬆情緒，願意和你合作。

有時候，你實在無法苟同對方的謬論。卻必須暫且表示贊同。然後再伺機開導他，誘引他突破自我的壁壘，和你打成一片，這樣，總比雙方各執己見，僵持不下，要有意義得多。

6 表現自己的特長

辦事就是要顯現你的能力，如果你沒有特長，你辦事的效果就不會出奇的好，你又如何談成功？

你要讓人佩服，應該有特別的長處，而且這個特別的長處，要正巧爲對方所喜歡，所羨慕；如果你的特別長處，不爲對方所重視，那麼就不發生效用了。對方不重視的原因，或由於對方是個外行，或由於對方比你還高明的緣故，比方你的特長是書畫，對方卻不懂得書畫，那麼你的書畫，無論如何高明，也不會引起對方對你的敬佩。或者對方的書畫的造詣比你要高明得多，你與對方相比，他至多當你是同道，卻不會對你有敬佩之心的。

王君是某公司的行政人員，而公司的高階幹部，多數書讀得較少，王君的學識，比他們高得多，理當應該使他們敬佩。然而事實卻大不其然，因爲在這種地方，他們所自負的是經驗，是要如何才能夠賺錢，對於學問，從來不重視，有的人竟直言學問一斤值多少錢，其藐視學問之情昭然若揭。所以王君的學問，不但得不到他們的敬佩，反而還被罵是書呆子，是百無一用的書生。大家都瞧不起王君，其中，李君是公司裡極具有影響力的人，有經驗，有能力，能言善辯，很被同事看重，李君對於王君，亦相當藐視。

有一次，公司為一個高階主管舉辦慶功宴，全體職員一千多人，聚集一堂，總經理臨時請王君擔任司儀，這時距離慶功宴開始的時間不到五分鐘，而王君對於這位高階主管的事蹟，一無所知，而他拿到的紙條上的資料，還不到二百個字。事到臨頭，不得不上前一試，他抓住了《史記．貨殖列傳》上「無財作力，稍有鬥智，即饒爭時」三句話，把此巨頭的一生事蹟，連貫起來，這一篇事蹟報告，成為夾敘夾議的體裁。王君仗口才，連講了一個鐘頭，全堂聽眾，鴉雀無聲，氣氛相當緊湊。講畢下臺，掌聲雷動，高傲的李君，本以善言為大眾所稱許，這個時候，他也翹起了大拇指，對王君說：「了不得，了不得，前後開過好幾場慶功會，你的演說最好，在公司中，你是第一位雄辯家，就是環顧同業中，也沒人比得上你。」這當然有點言過其實，而王君的口才，引起了他的敬佩，確是事實，於是握手表示親善，以前藐視的心理，一掃而空。

自此以後，關於人事的進行，王君得李君的贊助很多，其他高階幹部對於王君當然也因此另眼相看。用投其所好的特長，獲得信任，是最有把握的方法，但是也得要有良好的機會，如果沒有這個慶功宴，沒有很短促的五分鐘時間限制，也無法顯出王君的特長。

趙君是個正直有爲的青年，自謂不善交際。但是他有一個特長，歌唱得很好。因此他每到一處交際場所，聞其名者，都請他試歌一曲，一曲既終，大家就讚賞不已，他雖不故意與人親近，而人家卻樂與之相交，人緣之好，出乎意外。趙君如果因故不到，氣氛便不那麼熱烈，年紀輕輕的，竟成了若干交際場所的中心人物。這是因爲愛好唱歌的人，在大都市中是很普遍的，他既有此特長，自然無往而不勝了。

你的特長，最好始終保持非職業性的，一旦成爲職業性，便要減少對人的吸引力，而無法引起別人對你的敬佩，並且你還要牢牢記住下面這兩句話

——「特長不是你的商品，而是你的交際工具」。

7 把不可能的事變成可能

舉凡你不能或無法做的情形，無論如何都去做，這能使一個人去完成近乎不可能的事情。

亨利・福特是一位了不起的人。直到四十歲，他的生意才獲得成功。他沒有受過多少正規的教育。建立了他的事業王國之後，他的目光轉向了製造八缸引擎。他把設計人員召集到一起說：「先生們，我需要你們造一個八缸引擎。」這些聰明、受過良好教育的工程師們深諳數學、物理、工程學，他們知道什麼是可做的，什麼是行不通的。他們以一種寬容的態度看著福特，好似在說：「讓我們遷就一下這位老人吧，怎麼說他都是老闆嘛。」他們耐心地爲福特解釋八缸引擎就經濟考量而言是多麼不合適，並解釋了爲什麼不合適。福特並不聽取，只是一味強調：「先生們，我必須擁有八缸引擎——請你們製作一個。」

工程師們心不在焉地做了一段時間後向福特彙報：「我們越來越覺得造八缸引擎是不可能的事了。」然而，福特先生可不是輕易被說服的人，他堅持說：「先生們，我必須有一個八缸引擎——讓我們加快速度去做吧。」於是，工程師們再次行動了。這次，他們比以前工作努力一些了，時間花多了，也投入了更多的資金。但他們對福特的彙報與上次一樣：「先生，八缸引擎的製造完全不可能。」

然而在福特的字典裡根本不存在「不可能」這個字。亨利．福特炯炯有神地注視大家說：「先生們，你們不了解，我必須有八缸引擎，你們要爲我做一個，現在就做吧。」

猜猜接下來如何？他們製造出了八缸引擎。

Adversity Quotient

8 靈感帶來機會

如果你想成功，不妨隨時思考如何把一時的靈感轉變爲自己的機會。

一九四七年的冬天，在密西根州的卡索波里斯，愛德華·洛爾正幫著他的父親經營木屑生意。這時，有一位鄰居跑進來，想向他們要一些木屑，因爲她的貓房裡的沙給凍住了，她想換一些木屑鋪上去。當時，年輕的洛爾就從一個舊箱子裡拿出一袋風乾了的黏土顆粒，建議對方試試這個東西。因爲這種材料的吸附能力特別強，當年他父親賣木屑的時候，就是採用這種材料清除油漬的。這樣一來，那位鄰居的燃眉之急就解除了。

幾天以後，這位鄰居又來了，她想再要一些這樣的黏土顆粒。這時靈機一動，洛爾突然意識到自己的機會來了。他馬上又弄了一些黏土顆粒，分五磅一裝，總共裝了十袋。他把自己的新產品命名爲「貓房鋪」，打算以每份六十五美分的價格賣出去。但是，大家都笑他，因爲一般鋪貓房用的沙子才多少錢一磅呀？

但出人意料的是，洛爾的十份黏土很快就賣完了。而且，當這十個用戶再次找上門來，指名道姓要買「貓房鋪」的時候，這一回輪到洛爾發笑了。一筆生意，一種品牌，一種使命，就這樣創始了。

採用黏土顆粒作為貓房鋪，反倒促使貓這種小動物變成更容易飼養、受人歡迎的寵物，同時，洛爾也因此而變得富有了。僅僅在一九九五年洛爾去世前的兩三年時間內，「貓房鋪」的銷售業績就達到了兩億美元。也許可以說，正是洛爾的發明所帶來的生存條件的改善，最終使貓取代狗成為在美國最受歡迎的寵物。

辦好一件事似乎很簡單，只要你抓住一時的靈感，有些事情就會迎刃而解，在此同時也許還會給你帶來很多的財富。

9 轉換思路思考問題

善於轉換思路思考問題，常能獲得更多的成功機會。

一個猶太人走進紐約的一家銀行，來到貸款部，大模大樣地坐了下來。

「請問先生有什麼事情嗎？」貸款部經理一邊問，一邊打量著來人的穿著：豪華的西服、高級皮鞋、昂貴的手錶，還有領帶夾。

「我想借些錢。」

「好啊，你要借多少？」

「一美元。」

「只需要一美元？」

「不錯，只借一美元。可以嗎？」

「當然可以，只要有擔保，借再多點也無妨。」

「那麼，這些擔保可以嗎？」

猶太人說著，從豪華的皮包裡取出一堆股票、國債等等，放在經理的辦公桌上。

「總共五十萬美元，夠了吧？」

「當然，當然！不過，你眞的只要借一美元嗎？」

「是的。」說著，猶太人接過了一美元。

「年息爲百分六。只要您付出百分六的利息，一年後歸還，我們就可以把這些股票還給你。」

「謝謝。」

猶太人說完，準備離開銀行。

一直在旁邊冷眼觀看的分行長，怎麼也弄不明白，擁有五十萬美元的人，怎麼會來銀行借一美元？他慌慌張張地追上前去，對猶太人說：

「啊，這位先生……」

「有什麼事情嗎？」

「我實在弄不清楚，您擁有五十萬美元，爲什麼只借一美元呢？要是您想借三、四十萬美元的話，我們也會很樂意的……」

「請不必爲我操心。我來貴行之前，問過了幾家金庫，他們保險箱的租金都很昂貴。所以，我就準備在貴行寄存這些股票。租金實在太便宜了，一年只須花六美分。」

貴重物品的寄存按常理應放在金庫的保險箱裡，對許多人來說，這是唯一的選擇。但猶太商人沒有囿於常理，而是另闢蹊徑，找到讓證券等鎖進銀行保險箱的辦法。從可靠、保險的角度來看，兩者確實是沒有多大區別的，除了收費不同。

通常情況下，人們是爲借款而抵押，總是希望以盡可能少的抵押爭取盡可能多的借款。而銀行爲了保證貸款的安全或有利，從不肯讓借款額接近抵押物的實際價值，所以，一般只有關於借款額上限的規定，而沒有下限的規定，因爲這是借款者自己就會管好的問題。能夠鑽這個漏洞，轉換思路思考問題，這就是猶太商人在思維方式上的「精明」，也是他們辦事時比別人多一條成功的機會。

10 小成就不自滿

對小成就知足，意味著他沒有發展，對大成就知足，意味著他停止進步。

梅是以當時公司最高學歷的進入這家貿易公司的。一開始，梅受到上司的器重，公司裡的重大事件幾乎都有她的參與，雷厲風行的作風也使她以能幹出名。可惜的是，梅很快就懈怠起來，她覺得工作沒有挑戰性，沒有了工作熱情，她變得拖拖拉拉，這種作風導致工作上常出現一些小差錯。後來就引起了上司的不滿，他不再把重大的工作交給梅，而是委派其他的同事，梅感到很失落，明明是自己看不上眼的工作，現在卻被動的交給別人，總有自己受委屈的感覺，於是梅改變了態度，她重新審視自己的工作，發現自己在經受一段時間的鍛煉以後，就變得停滯不前是導致目前狀況的根源。她不再滿足於眼前的小小成就，決心從零做起，重新開始，很快她又憑著進取心獲得了上司的重用。

所以，我們在工作、學習、生活上取得了一點成績時，千萬不要認為從此就可以鬆懈了。因為社會的環境在不斷的變化，人們的心態也在不斷的跟著轉變。雖然在剛開始的時候，一切都覺得很新鮮，但總有一天成績也會褪色，甚至變得毫不值錢。

類似的例子在我們身邊可以說是層出不窮的。比如小集團的活動和提案等等，一開始，每個人都充滿了幹勁，不斷地提出新的構想，工作環境充滿了活躍的氣氛，但當這火花消逝時，整個團體又會產生惰性。

當我們了解這一點後，就應該經常在自省：「這樣做就可以了嗎？」經常保持著如何突破自我的心態，而且還必須有一股吸取新知識、拋棄陳舊東西的活力。但是最重要的是必須不斷產生新的觀念，如果稍微鬆懈了，或者認為「這樣子就可以了」，就會使一切都停滯不前。不過有時候，當你認為這是最好的而果斷的去執行，也有可能會被批評為比以前還要差勁。

任何人對於自己所想要做的事情，在達成之前都會花很多的時間做各種的努力，但是有很多人往往在取得初步成就後，就抱著「守成」的觀念，再也不肯進一步了。像這種人就會阻礙自己前進的道路，甚至壓抑其他人的成長。因此，眼前的小小成就只可以讓你小小的高興一下，切不可因此忘記了你的最終目標是什麼，甚至忘記了你自己。不能滿足於小小成就，是因爲：

⑴如果不滿足目前的小小成績，就會充實自己，提升自己。上班的人不忘繼續學習，做生意的不斷搜集資訊，強化企業實力，這些都是在創造機會、等待機會。

⑵小小成就也是一種成就，這也是自己安身立命的資本。但社會的變化太快，長江後浪推前浪，如果你在原地踏步，社會的潮流就會把你拋在後頭，後來之輩也會從後面追趕過去。相比起來，你的「小小成就」在一段時間後根本就不是成就，甚至還有被淘汰的可能。比如在一、二十年前，大學生確實稀有，而現在卻已經到處都是，大學生找不到工作早已經不是新聞了。

⑶一個人不滿足於目前的成就，積極向高峰攀登，就能使自己的潛力得

到充分的發揮。比如，原本只能挑一百斤重擔的人，因爲不斷的練習，進而突破極限，挑起一百二十斤甚至一白五十斤的重擔！因爲一個人只要安於現狀，就失去了上進求變的動力，沒有動力，就無法付諸實際的行動。

如果我們想做成某件事，最佳時機一定是當我們目標明確、激情勃發、鬥志昂揚的時候。每一個人在情緒飽滿時，做什麼事情都變得輕而易舉。相反，如果一次次的拖延，就會削弱我們的意志，反而需要用越來越不情願付出的努力或犧牲來達到目的。

人們不可能指望一個放任自己隨波逐流的人有什麼大作爲，因爲他們往往是安於現狀的。即使他們知道自己體內還有許多潛力可挖掘，也還是以各式各樣的方式白白浪費耗損，面對停滯不前的現狀他們還能不爲所動、安之若泰。也許他們總會稍有收穫或成就，但他們永遠只能被眼前的小小成就蒙蔽了眼睛，看不到人外有人，天外有天。這些小成就成了他們可炫耀的資本，卻不知人生還有更多偉大的目標等著去實現。就這樣甘於平淡的生活，他們體內曾潛藏的那點潛能也將因爲長久的被棄之不用而逐漸荒廢消失。只有那些不滿足於現狀，渴望著點點滴滴的進步，時刻希望攀登上更高層次的人生境界，並願意爲此挖掘自身潛能的人，才有希望達到成功的巔峰。

很多人都是理想過於平庸，或者說跟他們的能力相比，他們的目標訂的過於低。試想一下，如果每個人都能比較容易達到自己的目標，實現自己的抱負，人們還有前進的動力嗎？你不可能指望一個總是回頭看的人能攀登上頂峰，人們的抱負必須略高於人們的能力。這就要求你不能滿足於眼前的小小成就。

當然不能否認有的人生來就不需要爲自己的理想打拚，從小過著錦衣玉食的生活，享受優渥的物質生活條件。據說好萊塢著名影星道格拉斯的兒子，才一歲多，就開始獨自享受瑞士某著名酒店三百美元一小時的房間服務，而目的只是道格拉斯爲了讓他的寶貝兒子睡個午覺。但這畢竟是人類中的極少數，可以說百分之九十九的人都要靠自己的努力來獲取成功。假設我們都出生在豪門，每天都是錦衣玉食、高枕無憂，唯一的目標就是盡情的享受生活，盡情的嬉戲玩樂，並逃避所有的工作和不愉快的經歷，那麼，人類的最終歸宿恐怕只能是退回到茹毛飲血的原始狀態了。

正是因爲人類有著那麼多的欲望和追求，渴望著晉升到更高的職位，渴望著生活更加舒適幸福，渴望著接受更加高深的教育，渴望著家庭更加溫馨美好，渴望著使自己變得更加學識淵博，渴望著獲得更多的財富和社會地位，人們的潛質才能得以充分挖掘，能力才得以全面發展，人們才有可能進化和發展到現在的階段。這是一種不懈的追求，人類一代一代相傳的動力。

只有那些停止進步的人才會對現有的成就感到滿足。對於那些永遠追求前面的目標的人來說，他們總覺得自己身上還存在某些不完美的因素，因而總是渴望著進一步的改善和提高，他們身上洋溢著旺盛的生命力，從不墨守成規，這使得他們總認爲任何東西都有改進的餘地。這些人是不會陶醉在已有的成就裡的，他們想方設法達到更美好、更充實、更理想的境界，正是在這一次次的進步當中，他們完善著自我，也完善著人生。

11得意不忘形

自滿是失敗的溫床，雖然大家都明白這個道理，但是，還是有很多人不自覺地犯了自滿的毛病，一旦「功成名就」之後，就把當初那份兢兢業業的態度忘得一乾二淨。

被譽爲二十世紀八〇年代美國最著名的運動作家弗蘭克狄福，曾經爲《運動畫報》執筆二十七年之久，先後得過六次運動作家獎，完成了十本著作。不過，狄福在年過五十歲以後，一手推翻了過去在運動界所累積的聲譽，改任《國家報》的總編輯。理由是，他覺得從前的工作已不再具有挑戰性，他願意接受新的冒險，準備另闢疆土。

他處在生涯的顚峰期，擁有傲人的成就，然而，他並沒有因此洋洋得意，反而鞭策自己必須不斷地再突破和創新。

在現實生活中，類似自大、自狂、自傲、懈怠而導致一敗塗地的故事，多得不勝枚舉。絕大多數的劇情不外乎是：原本辛苦打下的江山，因爲無法精益求精，沒有繼續追求更好的品質，結果，某一天一覺醒來，突然發覺所有的豐功偉績全都化爲烏有。

錯在哪裡？很簡單，他們弄錯了一件事，錯把當初設定的「成功」當成唯一的目標，當自己達到目標時，使以爲大功告成。可是，世界上哪裡有所謂「最終、最好」的東西，眞正的成功永遠遙不可及，追求「完美」只不過是一個無止境的過程罷了！

不論是個人還是企業，不論是服務、知識、技術、能力、市場等各方面，永遠都不能停滯不前，尤其是現在的環境競爭如此激烈，即使你今天站在高處，誰也不能保證你明天不會栽下來。

管理學就很清楚的指出，在任何的高原期之後，緊接著就是陡降的下坡期，必須不斷的改良、演進，才能生生不息。

在很多組織的內部，其實都可以看到這種位居「高原期」的員工，因爲自認已爬到了頂點，就不再追求成長，也不願冒險嘗試；或者覺得已沒有成長的空間，反正已經停滯了，不如混混日子，過一天算一天吧！

既然永遠追不到最好的，那就乾脆完全放棄，不要追吧！其實，追求成功不難，關鍵在於要把成功當成跳板，而不是標竿。《改變遊戲規則》的作者羅伯特．克利傑就有一個貼切的解釋：標竿是靜止的，易於讓人將他推倒；而跳板卻使人保持躍動狀態，不斷的向更高點邁進。羅伯特是運動心理專家，常年擔任奧運及職業運動選手的心理教練。根據他的觀察，再偉大的運動員，也不可能永遠處於巔峰狀態，絕對需要不斷的練習、再練習。

如果你想保住「最好的」頭銜，絕對不能遊手好閒，想辦法做點突破吧！假使你爲了昨天的榮耀而停下腳步，很快你就會發現，這些光環立刻就成爲歷史了！

有一位朋友來到居里夫人家中做客。他忽然發現居里夫人的小女兒手裡正在玩英國皇家學會最近授予居里夫人的一枚金質獎章。他不禁大吃一驚，忙問：「居里夫人，能夠得到一枚英國皇家學會頒發的獎章，那是極高的榮譽，你怎麼能讓孩子隨便拿著玩呢？」居里夫人聽了後，笑了笑說：「我只是想讓孩子從小就知道，榮譽就是玩具，只能看看而已，決不能永遠守著它，否則就將一事無成。」

居里夫人正是以這種不斷進取的精神，一心於科學研究上，不斷取得了新的成就。後來她和她的丈夫共同發現了鐳元素，然後她又獨自發現了氯化鐳，並分析出鐳的單體，爲科學研究和醫療事業做出了極大的貢獻。她成爲迄今爲止世界上唯一的兩次獲得諾貝爾物理學獎的女性。

人類需要探求的知識是無窮無盡的，只有那些虛懷若谷的人才有機會在一次的成功之後還有進步，因爲只有不斷前進的人才可能達到更高層次的追求。因此，得意不忘形，是成功道路上應時時記起的忠告。

12 不隨意模仿別人

「發揮自己的長處，」這句話說起來很容易，但卻不容易做到。正如法國福熙元帥在分析戰術時所表明的：「概念極爲簡單，遺憾的是，執行起來卻很複雜、很困難。」

如果每一個人辦事時都能把自己的獨特才能發揮到極點，就會使自己既顯得與眾不同，又具有說服力。

我們對有些演說家非常羨慕。他們能在講演中嵌入表演術，能夠毫無懼色地表達自己的觀點，能夠靈活自如地用非常獨特的、個性化的、富於幻想的方式道出聽眾們想聽的話。

第一次世界大戰結束後不久，羅斯．史密斯和凱恩．史密斯兩兄弟剛剛駕機完成了倫敦至澳洲的首次飛行，並贏得了澳洲政府頒發的五萬澳元獎金。這一創舉在大英帝國引起了轟動，兄弟倆並榮幸地贏得了英皇頒賜的爵位。

在他們這一飛行的壯舉中，有一位知名的風景攝影家胡雷上尉，曾伴他們飛行過一段路程，並爲他們拍攝了許多風景。爲了擴大這一飛行的影響，英國政府特意安排他們在倫敦的「愛樂廳」進行專題演講。攝影家則協助他們透過畫面來解說這次行程的經歷表達。

他們倆在倫敦的「愛樂廳」每日演講兩場，早、晚每人各一場，這一活動共持續了四個月之久。

令人不可思議的是，這兩兄弟儘管有著完全相同的經驗，因爲他倆曾並肩飛行繞過了半個世界，而且他們的演說詞也幾乎逐句逐字是相同的，可是聽眾聽起來感覺的差異是如此之大！

要使演說成功，除了用於表達詞句以外，尙有其他的重要因素，那就是在詞句表達時所採取的特有風味，也就是演說時的態度。說什麼和怎麼說是兩碼事，切不可混爲一談。

在一次公開演奏會上，一位年輕小姐聽得很入神。當著名鋼琴家潘德列夫斯基彈奏蕭邦的一首馬厝卡舞曲時，她也對著曲譜在看。從她的面部表情來看，她感到很困惑，因爲她無法理解：她與這位鋼琴家曾彈奏過同一首舞曲，而且所敲擊的音符也完全一樣，然而，他們倆的表現力卻有天壤之別，她的表現極爲普通，而這位鋼琴家則表現得如此吸引人。他能將此曲子彈得引人入勝，其關鍵並不僅在於是否彈對了音符，而在於他所彈奏的方式！這位鋼琴家之所以能將同一首曲子彈奏得如此感人，主要是因爲在彈奏時加進了自己的感覺，展現了自己的藝術才能和鮮明的個性。正是這一切，構成了凡人與天才之間的差別。

一次，俄國大畫家布魯洛夫對一名學生的習作進行了些微的修改。當學生看到修改了的圖畫後非常驚奇，竟情不自禁地大叫道：「您才動了那麼一點點，整幅畫給人的感覺就完全不一樣了！」布魯洛夫答曰：「藝術不就是開始於那麼一點點嗎！」

以上演奏和繪畫的例子，向我們講述了「功夫在外」的道理。同樣的道理也適用於人們在說話時的表現。

「所有的福特轎車從性能到款式完全相同，」它們的製造商曾經這樣說過，「但是，對於它的使用者來說，我們卻找不出完全一樣的兩個人。每一個人都是一條新生命，他們都是沐浴在太陽下面的一種有血有肉的存在。在他或她誕生之日起，他或她就是上帝的一種前無古人後無來者的創造。年輕人應該培養出這種觀念，他應當尋求獨特的個性，使他自己與眾不同，並且挖掘出他自己的價值。社會及學校可能會企圖改造他，它們習慣於把每個個體放在同一模式中，但我們不會讓每個人內心所潛藏的那點充滿個性的火花消失。這是你作爲一個人之所以具有重要性的唯一而且眞實的憑證。」

就演說而言，上面這段話是正確無比。在這個世界上，你是找不出另外一個與你相同的人。雖然，數以億計的人確實都有兩隻眼睛、一個鼻子和一張嘴，但他們之中是沒有一個人與你完全相同的，從他們之中也找不出一個人具有和你完全相同的思想及想法。也很少有人以與你完全相同的方式來談話及表達自己的意見。換句話說，你所表達的觀點完全是個人化的，是十分獨特的。身爲一名演說者，這種獨特性就是你最寶貴的財產。抓住它！珍惜它！發揮它！正是這點火花將使你的演說產生無窮的力量，並表達出對聽眾無比的眞誠。這是你個人具有重要性的唯一而且眞實的憑證。千萬別把自己裝入某個被人設計的模子裡，而使自己失去了個性。

美國有史以來最著名的一場辯論發生在一八五八年，地點是伊利諾大草原的一個鎭上，辯論的雙方分別是道格拉斯參議員和林肯。林肯個子高而笨拙，他的對手道格拉斯則矮而優雅。這兩個人不但在外表上迥然不同，他們在個性、思想、立場和見解上也完全不一樣。

道格拉斯身處上流社會，林肯則有「劈柴者」的綽號，他常常穿著短襪子就走到大門口去接見民眾；道格拉斯的姿態十分優雅，林肯則顯得比較笨拙；但道格拉斯完全沒有幽默感，而林肯則是有史以來最偉大的講故事專家；道格拉斯不苟言笑，林肯則經常引用事實及例子來打動聽眾；道格拉斯驕傲自大，林肯則十分謙遜且寬宏大量；另外，道格拉斯的思考速度很快，林肯的思想過程則是慢條斯理的；道格拉斯說起話來猶如狂風暴雨，林肯則顯得比較平靜，而且表達思想時非常深入，且十分從容不迫。

Adversity Quotient

13 等待，不急於求成

許多時候，我們權勢不如人，機會不如人，我們就不得不低著頭，做些不得不做的事。有志者會藉此取得休養生息的時間，以圖東山再起。這樣才不枉當初低頭之痛。

隋朝的時候，隋煬帝十分殘暴，各地農民起義風起雲湧，隋朝的許多官員也紛紛倒戈，轉向農民起義軍，因此，隋煬帝的疑心很重，對朝中大臣，尤其是外藩重臣，更是易起疑心。唐國公李淵（即唐太祖）曾多次擔任中央和地方官，所到之處，悉心結納當地的英雄豪傑，多方樹立恩德，因而聲望很高，許多人都來歸附。因此，大家都擔心他會遭到隋煬帝的猜忌。正在這時，隋煬帝下詔讓李淵到他的行宮去晉見。李淵因病未能前往，隋煬帝很不高興，多少有點猜疑。當時，李淵的外甥女王氏是隋煬帝的妃子，隋煬帝向她問起李淵未來朝見的原因，王氏回答說是因爲病了，隋煬帝又問道：「會死嗎？」

王氏把這消息傳給了李淵，李淵更加謹愼起來，他知道遲早爲隋煬帝所不容，但過早起事又力量不足，只好隱忍等待。於是，他故意廣收賄賂，敗壞自己的名聲，整天沉湎於聲色犬馬之中，而且大肆張揚。隋煬帝聽到這些傳聞，果然放鬆了對他的警惕。因此，才有後來的太原起兵和大唐帝國的建立。

假如李淵當初聽了隋煬帝的話，怒火中燒馬上與之理論或採取兵變，很可能會因爲準備不足，時機不成熟而失敗。一旦失敗，則永無機會從頭再來了。

美國前總統林肯說過：「對暫時鬥不過的小人要忍耐。與狗爭道並咬傷，還不如讓狗先走。因爲即使你將狗殺死，也不能治好被咬的傷。」

我們這裡講的忍，是辦事的一種等待。辦成大事要等待時機成熟，忍之要有道。這種忍，不是性格軟弱，忍氣吞聲、含淚度日之舉，而是高明的人的一種謀略，是辦事的上上之策。

14 自我克制能屈能伸

忍耐是一種本領，特別是當你處於劣勢的時候。俗話說：小不忍則亂大謀。懂得自我克制，就是懂得了「人在屋簷下，不得不低頭。」

曾經有一段時間很流行「厚黑學」方面的圖書。我們在這裡不評論他的是非問題，而只是想說，這種流行充分表明了人們在辦事方面都需要掌握一些技巧，不可臉皮太薄。洗掉身上的矜持與迂腐，才能鍥而不捨，以柔克剛，取得成功。

人活於世，做人做事若能「率性而爲」，那人生就沒什麼遺憾的了。問題是，你不是天地間唯一的存在，不是你想辦什麼就可以辦成什麼，別人也不可能對你的都言聽計從。人的一生中，總會遇到許多人際關係和事業上的不如意，這些不如意需要以智慧和耐心去解決，而不是靠你一時的喜惡和脾氣。

「忍人之所不能忍，方能爲人之所不能爲。」

漢初名將韓信年輕時家境貧窮，他本人既不會逢迎拍馬，做官從政，也不會投機取巧，買賣經商。整天只顧研讀兵書，最後，連一天兩頓飯都沒有著落，他只好背著家傳寶劍，沿街討飯。

在市場上，有三個當地的無賴，他們看不起韓信這幅寒酸迂腐的書生相，故意當眾奚落他說：「你雖然長得人高馬大，又好佩刀帶劍，但只不過是個膽小鬼罷了。如果你肯服我們三個人，就從我們的褲襠底下鑽過去，我們就不再爲難你了。不然的話，就別怪我們不客氣！」說罷他們雙腿架開，立了個馬步。眾人一哄圍上，且看韓信怎麼辦。

韓信認眞的打量著這三個無賴，想了一想，竟然彎腰趴下，從無賴的褲襠下面鑽了過去。街上的人頓時哄然大笑，都說韓信是個膽小鬼。

韓信忍氣吞聲，閉門苦讀。幾年後，各地爆發反抗秦朝統治的起義，韓信聞風而起，仗劍從軍，爭奪天下，威名四揚。

韓信忍胯下之辱而成就蓋世功業，成爲千古佳話。假如，他當初爭一時之氣，一劍刺死羞辱他的無賴們，按法律處置，則無異於以蓋世將才之名抵償無知狂徒之身。假如，他當初徒一時之快，與凌辱他的無賴鬥毆硬拼，也無異於棄鴻鵠之志而與燕雀論爭。韓信深明此理，寧願忍辱負重，也不願爭一時之短長而毀棄自己長遠的前程。

這樣的忍耐，不是屈服，而是退讓中另謀進取；不是逆來順受、甘爲人奴，而是委曲求全，不因小失大。一旦時機到了，他就能如同水底潛龍沖騰而起，施展才幹，創建功業。

韓信甘受胯下之辱，成就功業的故事表現了他的一種大智慧，你想一想你自己的自我克制能力如何，是否懂得多加忍耐？

AQ

Adversity Quotient

第四部
挫折決定負勝

1 冒險是成功的資本
2 打擊是成功的贈品
3 從失敗中成長
4 檢討錯誤，儘快補救
5 出錯勇於承擔
6 吃一塹、長百智
7 微笑面對不如意
8 勿怨天尤人
9 走自己的路
10 學會自己抒發情緒

1 冒險是成功的資本

膽子大一點，步伐快一點。

不經過無數次的冒險，人類不可能從茹毛飲血的社會，進化到今天能夠坐在中央空調的大樓裡品嘗咖啡的時代。

哥倫布發現新大陸，鄭和七下西洋，諾貝爾發明炸藥，哥白尼創立天體運動論，這些歷史上的著名事件，都開始於冒險。沒有冒險精神，人類就沒有創造，就沒有社會改革。只有帶著沉重的風險意識，敢於懷疑並打破過去的秩序，通過冒險而取得勝利後，才能享受到成功的喜悅。

在我們日常辦事中，隨時隨地都要冒險。假如你恐懼於交通事故的頻繁，而不敢出門的話，就只有終日沉悶地待在家裡了，可是，待在家裡，除了有財源匱乏的危機之外，仍然沒有絕對的安全。隨著活動方式的增加，危險性也就成比例地產生。這麼說來，難道就不能活動了？打破沉悶，尋求新奇刺激，這是現代人的共同呼聲。現代人再也不安心過著平平庸庸、千篇一律的生活了，古語「君子不近危處」的說法，完全不再適用於現代社會了。

歌德年輕時希望成爲一個世界聞名的畫家，爲此他一直沉溺於繪畫那變幻無窮的世界中而難以自拔。四十歲那年，歌德遊歷義大利，看到了眞正的造型藝術傑作後，他終於恍然大悟：放棄繪畫，轉攻文學。經過不斷的學習和摸索，歌德日後成爲一名偉大的詩人。晚年的歌德在回顧自己的成長過程時，曾現身說法，告誡那些頭腦發熱的青年：不要盲目相信興趣。縱觀古今中外名人的成功史，似乎大多數人早期的白我設計都帶有一定盲目性：馬克思曾經想當詩人、魯迅曾去日本學醫、安徒生想當演員、高斯曾想當作家，但他們比常人高明的地方在於：他們能及時地調整自己的方向。

那麼怎樣識別盲目的自我設計呢？最有效的鑑別方法是：價值。歌德就是意識到十多年的勞動毫無價值才斷定自我目標設定有誤的。這需要一個過程，甚至是一個痛苦的、付出了艱辛代價的探索過程。歌德感慨道：「要發掘自己多不容易，我差不多花了半生光陰。」他又說：「這需要高度的神智清醒，它只有通過歡喜和苦痛，才學會什麼應該追求和什麼應該避免。」

這裡不是堆砌故事，而實在是覺得，在我們身邊，確有不少人，他們爲偏見與迷信的桎梏束縛著，盲目到不知自由，反而說別人不自由。冒險與危機具有深層次的關聯。危機就是危險之中蘊藏著機遇，常人的機遇，常人的成功，往往存在於危險之中。你想要美好的機遇嗎？你想要事業的成功？那就要敢冒風險，投身危險的境地，去探索、去創造，不要瞻前顧後，不要害怕失敗。

冒險，並不一定成功。成功的源頭便是失敗，成功只是無數失敗中的分子，不是無數失敗中的分母，正常的規律是，無數的失敗換來一次成功，無數人的失敗換來一人成功。懼怕失敗，不冒風險，求穩怕亂、平平穩穩地過一輩子，雖然可靠、平靜，雖然生活「比上不足比下有餘」，但那是多麼的無聊。

冒險失敗遠勝於安逸平庸。與其平庸地過一輩子，不如轟轟烈烈地做一場。

Adversity Quotient

2 打擊是成功的贈品

天將降大任於斯人也，必先苦其心志，勞其筋骨，餓其體膚。把每一次苦難都當作是成功的一次饋贈，前面就是一片豔陽天。

日本大企業家福富先生，年輕時做服務生，常常受到老闆的訓斥甚至責罵。但他把捱訓當作一次機遇，總是力求從中學會一點東西，知道一些事情。後來一遇到老闆，福富決不像老鼠見了貓一樣驚慌地逃走，他會掌握機會，立即躬身向老闆行禮並打招呼，謙恭地問道：「我難免有不周到的地方，請多指教！」這時，礙於情面，老闆必會以長者的風度，指出他許多需要留神和注意的地方。他在洗耳恭聽以後，馬上按老闆的吩咐辦事，改正自己的缺點，他之所以能主動地向老闆請教，是因爲他多了一個心眼，鑑於自己年輕，沒有資歷，才疏學淺，是難得有機會和老闆接觸的，而交談是一個表現自己、掌握對方底細的難得的時機，而他正是抓住了這一時機，而且把它運用得恰到好處。

當老闆視察工作的時候，既是檢查自己的時候，也是借機請教的有利時機，一則可以表現自己的好學，二來也是一種實實在在的自我推銷。所以老闆對福富的印象就要比其他員工鮮明和深刻，兩人熟悉後，老闆每次見到他都直呼其名，顯出了對其他員工沒有的親切。

功夫不負有心人，兩年以後，有一天老闆對福富說：「通過長期考驗，我看你工作勤勉，勤奮好學，又很會聽取別人的意見，從明天起，你就是我的部門經理了。」就這樣，一個年僅十九歲的毛頭小夥子一步登天成了經理，待遇也比從前有了較多的提升。被主管指責和訓斥，其實是在接受一種方式上頗爲特別一點的教育。對於老闆的一年三百六十五個教誨，福富至今還念念不忘，感謝之情溢於言表，在一定程度上，正是老闆指引他走上成功之路的。

能經得起訓斥，不是一件簡單的事，起碼必有一定的涵養。首先要在態度上極爲謙誠才行。在被指責或者訓誨時，不但要專心傾聽，聽完了後，還要以心悅誠服的口吻說：「是的，我明白了，馬上按你的指教去做。」

倘若你心理脆弱，臉皮太薄，又極好面子，遇到老闆指鼻子跺腳，顯出緊張不安，甚至不滿的臉色，對方會以爲你故意和他頂撞，那樣，問題就會複雜化。換一句話說，當你靜下心來，靜靜地接受批評和訓誡，傾聽教誨，並保持彬彬有禮的樣子，顯示出親近和尊敬，無疑會給老闆一個良好的印象，這對和上司密切關係，有百利而無一害。

如果你因爲在公眾的場合，受到了上司的訓斥，感到非常沒面子，有損於自我的尊嚴，怨恨上司，那就不好了。你應該換一個角度來思考這個問題，上司是在以一種特殊的方式教導你，栽培你，讓你走好「路」。而且在眾人裡，惟有你自己才堪當此重任，正所謂「天將降大任於斯人也，必先苦其心志，勞其筋骨，餓其體膚」，多受訓戒，方能在責罵聲中成長，於是才有一個輝煌和錦繡的前程。上司訓斥你，開導你，是對你充滿著期待，最沒有出息的人，往往是被上司忽視和愛理不理的人。

有的時候，上司批評你，是看得起你的一個信號。工作中有什麼失誤，或自身存在缺點，上司對此熟視無睹，反而顯出上司對你不夠重視。無論是公開場合，還是單獨交談，上司期望式地指出你的不足和缺點，是認爲你是一個可造之才，所以才對你倍加愛護，及時糾正你的缺點。面對這種期望式的批評，尤其是年輕人，常常產生錯誤的想法，認爲上司偏心，只看到你的缺點，看不到你的優點，從而耿耿於懷，這樣不僅辜負了上司的一片良苦用心，也不利於自己的成長。實際上，你的成功和優點，上司心裡非常清楚，爲了使你更出色，或爲了避免你產生驕傲情緒，才這樣鞭策你。因此，面對這樣的批評，你應該及時向上司請教，彙報自己的學習和工作體會，與上司多加探討，求上司指點迷津，取得上司的信任和厚愛。

3 從失敗中成長

聰明的人會從失敗中學到教訓。失敗者是一再失敗，卻不能從其中獲得

Adversity Quotient

任何經驗。

「我在這兒已做了三十年，」一位員工抱怨他沒有升級，「我比你提拔的許多人多了二十年的經驗。」

「不對，」老闆說：「你只有一年的經驗，你從自己的錯誤中，沒學到任何教訓，你仍在犯你第一年剛做時的錯誤。」

好悲哀的故事！即使是一些小小的錯誤，你都應從其中學到些什麼。

「我們浪費了太多的時間，」一位年輕的助手對愛迪生說：「我們已經試了兩萬次了，仍然沒找到可以做白熾燈絲的物質！」

「不！」這位天才回答說，「但我們已知有兩萬種不能當白熾燈絲的東西。」

這種精神使得愛迪生終於找到了鎢絲，發明了電燈，改變了歷史。

在辦事情中，一點錯誤很可能就是致命的。錯誤會造成嚴重的結果，往往不在錯誤本身，而在於犯錯人的態度。能從失敗中獲得教訓的人，就能建立更強的自信心。

英國的索冉指出：「失敗不該成爲頽喪、失志的原因，應該成爲新鮮的刺激。」惟一避免犯錯的方法是什麼事都不做，有些錯誤確實會造成嚴重的影響，所謂「一失足成千古恨，再回首已百年身」。然而，「失敗爲成功之母」，沒有失敗，沒有挫折，就無法成就偉大的事。

要把事情辦好，就不要怕失敗。

4 檢討錯誤，儘快補救

當你不小心犯了某種大的錯誤，最好的辦法是坦率地承認和檢討，並盡可能快地對事情進行補救。只要處理得當，你甚至可以立於不敗之地。

格里·克洛納斯是北卡羅來納州夏克特的一位貨物經紀人。他在西爾公司做採購員時，發現自己犯下了一個很大的估計上的錯誤。有一條對零售採購商至關重要的規則，是不可以超支你所開帳戶上的存款數額。如果你的帳戶上不再有錢，你就不能購進新的商品，直到你重新把帳戶填滿——而這通常要等到下一次採購季節。

那次正常的採購完畢之後，一位日本商販向格里展示了一款極其漂亮的新式手提包。可這時格里的帳戶已經告急。他知道他應該在早些時候就備下一筆應急款，好抓住這種叫人始料未及的機會。此時他知道自己只有兩種選擇：要麼放棄這筆交易，而這筆交易對西爾公司來說肯定會有利可圖；要麼向公司主管承認自己所犯的錯誤，並請求追加撥款。正當格里坐在辦公室裡苦思冥想時，公司主管碰巧順路來訪。格里當即對他說：「我遇到麻煩了，我犯了個大錯。」他接著解釋了所發生的一切。

儘管公司主管不是個喜歡大手大腳地花錢的人，但他深爲格里的坦誠所感動，很快設法給格里撥來所需款項，手提包一上市，果然深受顧客歡迎，賣得十分火爆。而格里也從超支帳戶款一事汲取了教訓。並且更爲重要的是，他意識到這樣一點：當你一旦發現了自己陷入了事業上的某種困境，思考怎樣爬出來比害怕跌進去最終會顯得更加重要。

5 出錯勇於承擔

前車之鑑，後車之覆，事情出錯，要勇於承擔，在最短的時間內彌補過失，如此不但損失可以減到最低，更能得到他人的尊敬。

每個人都會犯錯，這個道理大家都知道。可是一發生在自己的身上，很多人就會犯嘀咕：難道要我承認自己的不是？於是很多時候，人們不願意承認自己的錯誤。這就造成了人與人之間的交往障礙，因爲每個人都堅持自己是對的，而觀點有時確實是對立的，於是留下了埋怨、不滿和爭執，甚至影響業務往來。這在實際生活中已是屢見不鮮的例子。下面這個眞實的故事發生在美國，它告訴人們，有時候不堅持自己的意見，反而能獲得更大的成功。

克洛里是紐約泰勒木材公司的業務員，他坦承長久來，自己總是明白指出木材檢驗人員的錯誤，也贏得了辯論，可是一點好處也沒有。「因爲那些檢驗員，」克洛里說，「和棒球裁判一樣，一旦裁決下去，決不肯再改。」

克洛里看出，他雖在口舌上獲勝，卻使公司損失了成千上萬的金錢，因此，他決定改變技巧，不再抬槓了。他自述了改變後的效果：

「有一天早上，我辦公室的電話響了，一位憤怒的主顧在電話那頭抱怨我們運去的一車木材完全不合乎它們的規格。他的公司已經下令停止卸貨，要求我們立刻安排把木材搬回來。在木材卸下四分之一車後，對方的木材檢驗員報告說，百分之五十五不合規格，在這種情況下他們拒絕接受這批貨。

我立刻動身到對方的工廠去。途中，我一直在尋找一個解決問題的最佳辦法。一般在那種情況下，我會以我的工作經驗和知識，引用木材的初級規格，來說服對方的檢驗員，那批木材符合標準。然而，我又想，還是把學到的做人處世原則運用一番看看。

我到了工廠，發現科主任和檢驗員悶悶不樂，一副等著抬槓吵架的姿態。我們走到卸貨的卡車前，我要求他們繼續卸貨，讓我看看情形如何。我請檢驗員繼續把不合格的木材挑出來，把合格的放到另一堆。

看著他進行了一會兒，我才知道，原來他的檢查太嚴格，而且也把檢驗規則弄錯了。那批木材是白松，雖然我知道那位檢驗員對硬木的知識很豐富，但檢驗白松卻不夠格，經驗也不多。白松碰巧是我內行的，但我對檢驗員評定白松的方式提出反對意見嗎？不行。我繼續觀看，慢慢的開始問他某些木材不合乎標準的理由何在。我一點也沒有暗示他檢查錯了。我強調，我請教他，只是希望以後送貨時，能確實滿足他們公司的要求。

以一種非常友好而合作的語氣請教他，並且堅持要他把不滿意的部分挑出來，這使他高興起來，於是我們之間的劍拔弩張的氣氛開始鬆弛了。偶爾我小心的提幾句，讓他自己覺得有些不能接受的木材可能是合乎規格的，也使他覺得他們的價格只能要求這種貨色。但是，我非常小心，不讓他認爲我有意難爲他。

漸漸的，他的整個態度改觀了。最後他坦白承認，他對白松木的經驗不多，並且向我詢問車上搬下來的白松板的問題。我就對他解釋爲什麼那些松板都合乎檢驗規格。而且仍然堅持，如果他還認爲不合用，我們不要他收下。他終於到了每挑出一塊不合用的木材，就有罪惡感的地步。最後他看出，錯誤是在他們自己沒有明確指出它們所需要的是多好的等級。

最後的結果是，他重新把卸下的木材檢驗一遍，全部接受，於是我們收到一張全額支票。

單以這件事來說，運用一點小技巧，以及儘量遏止自己點出別人的錯誤，就讓公司獲得了一大筆金錢，而我們所獲得的客戶的信任，則是用金錢無法衡量的。」

「最大的失敗，就是永不言敗。」不願面對失敗與不肯承認失敗同樣糟糕，其實，若能把失敗當成人生必修的功課，你會發現，大部分的失敗都會給你帶來一些意想不到的好處！

沒有人喜歡失敗，因爲失敗大多是一些痛苦的經驗，甚至讓你的人生受到重創。不過，一生順利未曾嘗過失敗滋味的人，恐怕是少之又少，每個人或多或少都經歷過，只是程度輕重的差別而已。

所有人幾乎都是「談失敗變色」。然而，若是換一個角度來看，失敗其實是一種必要的過程，而且也是必要的投資。數學家習慣稱失敗爲「或然率」，科學家則稱之爲「實驗」，如果沒有前面一次又一次的失敗，哪裡有後面所謂的「成功」。

就企業經營的立場來看，絕大多數的老闆都喜歡成功。然而，全世界著名的快遞公司ＤＨＬ創辦人之一利奇先生，卻偏好雇用曾有失敗經驗的員工。

利奇在面試一些新進人員時，總是會刻意詢問對方過去是否有失敗的例子，如果對方回答「不曾失敗過」，利奇反而會認爲對方是在說謊，就是不願意冒險嘗試挑戰。利奇說：「失敗是人之常情，而且我深信他是成功的一部分，有很多的成功都是由於失敗的累積而產生的。」利奇深信，人不犯點錯，就永遠不會有機會，從錯誤中學到的東西，遠比在成功中學到的多得多。

另一家被譽爲全美最具有革新制度的3M公司，也非常鼓勵員工冒險，只要有任何新的創意都可以嘗試。雖然其中有很多經過試驗之後幾乎都沒有結果，失敗的發生率是預料中的百分之六十，但是，3M公司卻視此爲讓員工不斷嘗試與學習的最佳機會。3M堅持的理由很簡單，失敗可以幫助人再思考、再判斷與重新修正計畫，而且經驗顯示，通常重新修改過的意見會比原來的更好。

美國人做過一個有趣的調查，發現在百大企業家中每人平均有三點七五次破產的紀錄，而絕大多數世界頂尖一流的選手，失敗的次數毫不比成功的次數「遜色」。

其實，失敗並不可恥，不失敗才是反常，重要的是面對失敗的態度，是能反敗爲勝？還是就此一蹶不振？傑出的企業領導者，絕不會因爲失敗而懷憂喪志，而是回過頭來分析、改正，並從中發掘重生的契機。

專事研究運動選手的賓州州立大學教授喀爾文，曾以一群奧運體操選手爲研究對象，發現那些成績出色的運動員普遍具有兩項特點：一是，從不抱完美主義；二是，對過去的失誤從不放在心上，只專注於未來的挑戰。

6 吃一塹、長百智

人之不如意，十之八九。無法改變的事，忘掉它；有機會去補救的，抓住最後的機會。後悔、埋怨、消沉不但於往事無補，反而會阻礙新的前時步伐。

跌倒後不再爬起來的人會說：「與其還要跌倒，還不如不再跌倒」，但他並不反省爲什麼會跌倒。更不相信自己不會跌倒！

卡耐基的事業剛起步時，在密蘇里州舉辦了一個成年人教育班，並且陸續在各大城市開設了分部。他花了很多錢在廣告宣傳上，同時房租、日常辦公等開銷也很大，儘管收入不少，但在過了一段時間後，他發現自己連一分錢都沒有賺到。由於財務管理上的欠缺，他的收入竟然剛夠支出，一連數月的辛苦勞動竟然沒有什麼回報。

卡耐基很是苦惱，不斷地抱怨自己的疏忽大意。這種狀態持續了很長一段時間，他整日裡悶悶不樂，神情恍忽，無法將剛開始的事業繼續下去。

最後卡耐基去找中學時的老師喬治．詹森。

聰明人一點就透，老師的這一句話如同晴天一聲雷，卡耐基的苦惱頓時消失，精神也振作起來。

「不要爲打翻的牛奶哭泣。」

是的，牛奶被打翻了，漏光了，怎麼辦？是看著被打翻的牛奶哭泣，還是去做點別的。記住，被打翻的牛奶已成事實，不可能被重新裝回瓶中，我們惟一能做的，就是找出教訓，然後忘掉這些不愉快。

這段話，卡耐基經常說給學生，也說給自己。

是金子總會閃亮的，不怕沒有展示自我的空間，就怕沒有讓人敬佩的眞功夫！畢竟觀眾的眼睛是雪亮的。

小王和小李是美術系的同班同學，小李畢業後因父親的關係，進入某報社擔任美術設計工作。

不甚如意的小王，每次看見小李在報上刊出的作品，就痛罵報社只認人情，不長眼睛。而原本能力遠不及小王的小李，由於報社的工作環境好，經常能接觸最新的材料與作品，加上困而後學的努力，幾年後樹立了獨特的風格，也闖出了不小的名聲。

小王終於不再譏評小李，因爲長久地怨天尤人，使他由一時的懷才不遇，變爲眞正的外強中乾，作品的水準，已經遠遠落於小李之後了。

社會上誠然有許多不公平的事，惟一的方法是加倍地努力，以求出頭，使自己有能力創造一個未來公平的社會；如果只知自怨自艾，恐怕原本短期的時運不濟，終要成爲長期的命運多舛了。

世上沒有絕對的公平，如果總是抱怨懷才不遇，一則說明你沒有推銷自己的才華；二則說明你有的那點才還太小。

7 微笑面對不如意

別垂頭喪氣，微笑是疲倦者的休息，沮喪者的白天，悲傷者的陽光，大自然的最佳養份。

誰不希望事業成功、身心健康，可是人生總有不如意的事。有的人為一些小事就容易垂頭喪氣，殊不知，這些消極頹廢的情緒正是影響成就大事的障礙。其實，有時候，我們會發現如果很堅定的跨越暫時失意的障礙，回過頭來就會覺得只是「小事一樁」，不值得大傷腦筋，那麼當初我們又何必培養些垂頭喪氣的壞毛病呢。

當不如意的事出現時，注意自己腦袋裡冒出的第一個想法是什麼，用紙筆將它不加修飾地如實記錄下來。然後，回過頭來檢查自己冒出的第一個想法是對還是錯，要是這個想法拉你後腿，必須立即剔除這種想法，堅持嘗試一番積極的行動，儘管嘗試本身意味著風險，會出現新的差錯，但嘗試卻給了你自己一次機會。

對每一項消極反應，實施一個相反的積極行動。比如某一項工作出錯了，消極反應是「我眞笨」，積極反應是「我學得不夠扎實」，積極行動是馬上查資料學習，抓住一切機會參加業餘培訓，並付之實踐。

消除垂頭喪氣的情緒需要我們做好各種準備，具體來說，以下幾點是必須注意的：

⑴用補償心理超越自卑

補償心理是一種心理適應機制，個體在適應社會的過程中總有一些偏差，爲求得到補償。從心理學上看，這種補償，其實就是一種「移位」，即爲克服自己生理上的缺陷或心理上的自卑，而發展自己其他方面的長處、優勢，趕上或走過他人的一種心理適應機制，正是這一心理機制的作用，自卑感就成了許多成功人士成功的動力，成了他們超越自我的「渦輪增壓」，而「生理缺陷」愈大的人，他們的自卑感也愈強，尋求補償的願望就愈大，成就大業的本錢就愈多。

解放黑奴的美國總統林肯，不僅是私生子，出身低微，且面貌醜陋，言談舉止缺乏風度，他對自己的這些缺陷十分敏感。爲了補償這些缺陷，他力求從教育方面來汲取力量，拚命自修以克服早期的知識貧乏和孤陋寡聞。他在燭光、燈光、水光前讀書，儘管眼眶越陷越深，但知識的養份卻對自身的缺陷作了全面補償。他最終擺脫了自卑，並成爲有傑出貢獻的美國總統。貝多芬從小聽覺有缺陷，耳朵全聾後還克服困難寫出了優美的《第九交響曲》，他的名言——「人啊，你當自助！」成爲許多自強不息者的座右銘。

在補償心理的作用下，自卑感具有使人前進的反彈力。由於自卑，人們會清楚甚至過分地意識到自己的不足，這就促使其努力學習別人的長處，彌補自己的不足，從而使其性格受到磨礪，而堅強的性格正是獲取成功的心理基礎。

自卑能促使人走向成功。人道主義者威特．波庫指出，「在每個人的內心深處都有一種靈性，憑藉這一靈性，人們得以完成許多豐功偉業。」這種靈性是潛在於每個人內心深處的一股力量，即維持個性，對抗外來侵犯的力量。它就是人的「尊嚴」和「人格」。人們為了維護自己的尊嚴和人格，就要求自己克服自卑，戰勝自我，因此，令人難堪的種種情境往往可以成為發展自己的跳板。一個人的眞正價値，取決於能否從自我設限中超越出來，而眞正能夠解救我們的，只有我們自己。即所謂「天助自助者」。

心理補償是一種使人轉敗為勝的機制，如果運用得當，將有助於人生境界的拓展。但應注意兩點：一是不可好高騖遠，追求不可能實現的補償目標；二是不要受賭氣情緒的驅使。只有積極的心理補償，才能激勵自己達到更高的人生目標。

(2)用樂觀態度面對失敗

掃除沮喪的情緒，還須正確面對失敗。人生之路，一帆風順者少，曲折坎坷者多，成功是由無數次失敗構成的，正如美國通用電氣公司創始人沃特所說：「通向成功的路即：把你失敗的次數增加一倍。」但失敗對人畢竟是一種「負面刺激」，總會使人產生不愉快、沮喪、自卑。那麼，如何面對、如何自我解脫就成爲能否擺脫沮喪情緒的關鍵。

面對挫折和失敗，惟有樂觀積極的心態，才是正確的選擇。其一，做到堅韌不拔，不因挫折而放棄追求；其二，注意調整、降低原先脫離實際的「目標」，及時改變策略；其三，用「局部成功」來激勵自己；其四，採用自我心理調適法，提高心理承受能力。

作爲一個現代人，應具有迎接失敗的心理準備。世界充滿了成功的機遇，也充滿了失敗的可能。所以要不斷提高自我應付挫折與干擾的能力，調整自己，增強社會適應力，堅信失敗乃成功之母。屈原放逐乃賦《離騷》，司馬遷受宮刑而成《史記》，就是因爲他們無論什麼時候都不氣餒、不自卑，都有堅韌不拔的意志！有了這一點，就會掙脫困境的束縛，走向人生的輝煌。若每次失敗之後都能有所「領悟」，把每一次失敗當作成功的前奏，那麼就能化消極爲積極，變沮喪爲自信。

(3)用實際行動打破沮喪情緒

征服畏懼，戰勝自卑，不能誇誇其談，止於幻想，而必須付諸實踐，見於行動。消除沮喪情緒最有效的方法，就是去做自己該做的事，直到獲得成功。具體方法如下：

●突出自己，挑前面的位子坐。敢爲人先，敢上人前，敢於將自己置於眾目睽睽之下，就必須有足夠的勇氣和膽量。當這種行爲成了習慣，人生的態度就變得自信起來。另外，坐在顯眼的位置，就會放大自己在領導及老師視野中的比例，增強反覆出現的頻率，起到強化自己的作用。雖然坐前面會比較顯眼，但要記住，有關成功的一切都是顯眼的。

●睜大眼睛，正視別人。眼睛是心靈的視窗，一個人的眼神可以折射出性格，透露出情感，傳遞出微妙的資訊。不敢正視別人，意味著膽怯、自卑、恐懼；躲避別人的眼神，則折射出陰暗、不坦蕩心態。

●昂首挺胸，快步行走。許多心理學家認爲，人們行走的姿勢、步伐與其心理狀態有一定關係。懶散的姿勢、緩慢的步伐是情緒低落的表現，是對自己、對工作以及對別人不愉快感受的反映。倘若仔細觀察就會發現，身體的動作是心靈活動的結果。那些遭受打擊、被排斥的人，走路都拖拖拉拉，缺乏自信。反過來，通過改變行走的姿勢與速度，有助於心境的調整。

● 當眾發言。不論是參加什麼性質的會議，每次都要主動發言。發言是有參與意識的表現，這比一個人默默承受痛苦和苦悶要有意義得多。並且，有許多原本木訥或有口吃的人，都是通過練習當眾講話而變得自信起來的，如蕭伯納、田中角榮等。因此，當眾發言是信心的「維他命」。

● 學會微笑。大部分人都知道「笑」表示一個人心情愉快，它是醫治信心不足的良藥。但是仍有許多人不相信這一套，因爲在他們恐懼時，從不試著笑一下。眞正的笑不但能治癒自己的不良情緒，還能馬上化解別人的敵對情緒。如果你眞誠地向一個人展顏微笑，他就會對你產生好感，這種好感足以使你充滿自信。

8 勿怨天尤人

需要經常發洩的人，盡可以往自己的臥室中掛一個沙袋去施展拳腳，把心中所有的不平與憤怒統統讓它去承受，然後平心靜氣，用行動去改善自己的處境。

埋怨和指責是生活中最不和諧的噪音，哪怕你的矛頭只是在指向自己，哪怕你的遭遇至為淒慘，但一味的抱怨只會讓人對你敬而遠之。

「都是月亮惹的禍」、「都是你的錯」。在流行歌裡這麼唱可以，可有人在生活中卻眞的這麼說：「我到公司這麼多年了，按理說，沒有功勞也有苦勞，爲什麼卻一直升不上去？一定是有人看我不順眼，故意算計我！」

「小馬到公司不到三年，可是升官發財都有他的分，唉！比起逢迎拍馬，我是一點也不如他！」

「眞不知道老天是怎麼想的，像我這種人才，在這個行業裡待了這麼多年，居然見不到出人頭地的時候。老天眞是太不公平了！」

你一定常常聽到這些埋怨，甚至自己也有這種牢騷吧！每天輪流把炮火指向生活空間的每一個角落裡，抱怨這個，批評那個，而且，從上（老天）到下，無一倖免。獨自怨言，看誰都不順眼，好像全天下的人都做了對不起他的事。不但如此，他們還整天喋喋不休地到處煽風點火，找人咬耳朵，拚命把自己的怨氣往別人身上倒，自己不開心也就罷了，把其他人一起拖下水。

人們在遭遇挫折與不當待遇之時，難免會發出不平之聲，並且希望引起別人的注意與同情。不過，當一個人不斷地把抱怨和指責的矛頭對準別人時，反而很容易讓人滋生反感，產生負面效果。管理專家觀察，愛發牢騷，喜歡怨天尤人的人，習慣怪罪別人，認爲別人應該爲自己的問題負責，然而，他們忘了，光是發牢騷並不能改變事實，不停地抱怨與批評，受傷最大的還是自己。

不管多麼優秀多麼良好的環境或者組織，都有不盡如意的事，完全看個人的處理心態。有些人會儘量往好處想，日子照樣過得安穩太平。但有些人就是喜歡往牛角尖裡鑽，存心自找麻煩。心理學家皮瑞拉博士說過：「有很多困境，其實都是自己造成的。」皮瑞拉博士分析，怨天尤人一族往往忙於對別人的批評，對環境、運氣的抱怨，以至沒有多餘的時間精力來改正自己。而如果光是批評，不圖改進，就足以證明這種人是專找別人過失來掩飾自己缺點的人。同時，怨天尤人的人，通常都是嘴上發飆，眞要他們拿出解決辦法，總是一籌莫展。

9 走自己的路

牛鼻子被穿上繩子，牢固地繫在木樁上，無論牠怎麼走，牠都是繞著木柱子在轉，走不出自己的路。不要讓心被別人的熱言冷語所左右，記住一句話：走自己的路，任他人評說，無論好壞的話你都不要讓自己迷路。

你可能花費了大量時光竭力贏得他人的贊許，或因得不到贊許而憂心忡忡。如果尋求贊許已成爲你生活的一種需要，那麼你現在就該做些事了。

贊許本身無損於你的精神健康，事實上，受到恭維是十分令人愜意的，但是，把尋求贊許的心理當成一種需要、而不僅僅是願望時，即落入它的陷阱。在這樣的情況下，未能如願以償時，你便會十分沮喪，感到自我挫敗。爲了需要被人贊許，你會將自己的一部分價值奉獻給「外人」——將自我價值置於別人的控制之下，由他們隨意拔高或貶低；假如這些人提出反對意見，你就會產生惰性（即使是輕微的惰性）。只有當他們決定施捨一定的贊許之辭時，你才會感到高興。

需要得到他人的贊許就夠糟糕的了，然而如果在每件事上都需要得到每一個人的贊許，那就更糟糕了。如果是這樣，你勢必會在生活中遇到大量痛苦和煩惱。此外，你會慢慢建立起一種平庸的自我形象，隨之產生的便是自我否定心理。

毫無疑問，要在生活中有所作爲，就必須完全消除需要得到贊許的心理：它是精神上的死胡同，它絕不會給你帶來任何益處。

取而代之的，在重要時刻，更要以平常心勇敢直率面對。「有理不在聲高。」這話不假，許多時候我們必須開口大聲講話，你敢於站出來當著別人表達你的意見嗎？面試的時候，看著主考官嚴肅的臉龐，你是否老是垂著頭，迴避開主考官犀利的目光，然後低聲地說著自己的經歷？在公司的會議上，當自己只是初出茅廬的新手，感覺會議的氣氛過於緊張壓抑，渾身不自在，恨不得能找一個地洞鑽進去？

不敢大聲說話的人，往往對生活具有強烈的恐懼感。導致他們恐懼的最主要的原因是他們骨子裡害怕失敗，他們更希望在生活中經常隱居在一個環境優美又無大風大浪的安全港裡。他們害怕所有的失敗，並想通過迴避失敗來逃離失敗的後果。他們不敢站出來當著大家的面表達自己的意見，因爲他們害怕得不到眾人的認同。他們害怕當著大量的觀眾講話，因爲他們害怕因爲自己不成功，而給自己的臉上抹黑。他們害怕面試時被主考官的問題刺中要害，一命嗚呼。他們總之是前怕狼，後怕虎，他們認爲生活中無時無刻不存在著致命的危險。

一般認爲，能力強的人，總是讓人聯想到自信果斷，他們在會議上神態自若，言辭滔滔不絕；而能力差的人，大多是那些一發言就唯唯諾諾沉默不語的人。在重要時刻沉默是非常危險的，當別人討論時，如果你一言不發，他們就會完全忽視你的存在，而你如果說話聲音過小，則更容易引起他們的誤會，以爲你是能力不夠，所以才顯得過分拘謹。

日常生活中，你完全不必處處高聲大嗓，但在公眾場合或在重要時刻，卻一定要注意，勇敢大聲地表達自己的觀點和意見，咬字要清晰，語氣不要激烈激動，聲調的大小要足以讓在場的人完全聽到聽清。就憑這一點，你就會讓人覺著你勇敢自信，有大家風範。

勇於發言常常勝過埋頭苦幹。即使不提倡做「麻雀」，但也要試著用智慧說話。

10 學會自己抒發情緒

人生不總是一帆風順，在受挫時在逆境中，時變時憂，真正能體會箇中感傷的只有自己，也只有自己能幫助自己，抒發消沉的情緒，走向新的開始。

人在遭受挫折時，會變得非常脆弱，但問題不論多嚴重，不必讓別人同你分享這份傷感。

對於每個人來說，隨時遭遇各種各樣的危機，本身就是一件非常平常的事情。家人生病、親友死亡、婚姻不和睦等，這些大大小小的問題都會使我們壓力倍增，心力憔悴，進而影響我們的工作情緒。

不客氣地說，這個世界上的人每一個人都是以自己爲中心的，每個人的視角也完全是被自己先天或後天形成的思維框架左右的，所以每個人都有不同的注意力，喜歡把注意力集中在自己感興趣的事情之上。比如說，夫妻最近經常無端發生嚴重的口角，你察覺你和太太的婚姻關係已經亮起了紅燈。而且也許這個時期又是公司最緊張的時候，你的業務也很繁重。在家庭和業務的壓力下，你很容易跌入無奈情緒的陷阱，處於一個相當低落的時期。大多數人在情緒低潮的時候，總是希望別人給予關懷，對自己伸出援手。所以你在這種情況下，一不留神就會失去自控，家庭問題上苦悶和事業的壓力都讓你急需要有人傾聽你的感受，幫你發洩心中的鬱悶和不滿意。

不是每個人都是我們可以信賴的朋友，而且每個人都有自己感興趣的事情，你對他們傾訴一些你自己覺得感人淚下的事情，其實並不會博得他們的同情，甚至會覺著你小題大作，沒能力處理好一些簡單事件等。

深究起來，這種渴望同情與注意的心理是一種小孩心態。我們都見過這樣的畫面：許多時候，當一個孩子摔倒以後，他並不是馬上張嘴大哭，而是看看周圍有沒有人注意他，有人的話，他就會驚天動地哭起來；沒有人，他一般就會不聲不響地爬起來，繼續他的遊戲。小孩子的這種把戲會讓人覺得可愛好玩，換做一個成年人呢？

再說，每個人都會有不少煩惱。大家可能都在「水深火熱」中掙扎，何必總拿自己的不開心強加到人家頭上呢？除非需要幫助，否則即使是最好的朋友，也不要拉著人家陪你一道悲傷，還是自我調節爲好。

AQ

Adversity Quotient

第五部

人緣決定奧援

1 強者喊腳痛
2 不可鋒芒太露
3 心安理得不煩惱
4 收買是溝通的橋樑
5 和不喜歡的人合作
6 不吝提出忠告
7 給對方留餘地
8 替下屬擔責任
9 為上司做面子
10 上司間的矛盾互不得罪

1 強者喊腳痛

弱者愛看強者踢到鐵板——所以，如果你是「強者」，不妨偶爾假裝喊喊腳痛。這會對你的人生和人際都有好處。

郭先生和黃先生二人是大學同學，而且是四年同寢室的室友，加上又是「同鄉」，生活背景相近，二人無話不談，彼此都沒有秘密，因此班上同學說他們二人是「難兄難弟」、「上輩子是兄弟」，而他們二人也以彼此間的友情而自豪，並且相當珍惜。

大學畢業後，二人的好交情幾乎被人懷疑是「同性戀」。幾年過後，二人分別換了工作，也先後結了婚，娶了老婆，買了車子……二人仍然來往頻繁。後來郭先生一度落魄，黃先生則不時給予溫情。

過了五年、六年，郭先生東山再起，賺了許多錢，站在一個黃先生根本無法跟上的位置。自此之後，二人關係淡了，郭先生找黃先生，黃先生總是藉故逃避，至於黃先生，則未曾打過一次電話給郭先生……爲什麼如此？郭先生十分納悶。

郭先生和黃先生在校時感情甚好，步入社會時仍能維持一定的關係，原因有兩個：

一、二人背景相近，彼此都感受不到對方的「壓力」，因此能融洽相處。如果二人中一爲豪門世家，一爲寒門子弟，恐怕就不是這個樣子。

二、初入社會，彼此「成就」差不多，「壓力」尚未形成，因此還能維持相處的熱情。

不過，人是好「比較」的，「比」的目的是在建立自己在同行中的地位，因此，絕大多數人不會去和不同行業者比，不會去和不同年齡者比，不會去和職業差太多者比，總是會和同班同學比，和同行比，和同階層比；能「比」對方「高」、「好」、「多」，自己就會有一種自我滿足。大學生從學校畢業後，前幾年還差別還不很明顯，但七、八年、十多年之後，成就的高下就出現了，所以大學剛畢業前幾年，同學會還辦得起來，十年後就不容易辦了，因為前幾年大家都差不多，十年後成就有了差距，自認沒有成就的就不想參加了。

郭先生和黃先生的問題也是出在「比」這個字。本來黃先生認為他是可以超越郭先生的，所以他也不吝給予落魄中的郭先生溫情，誰知世事無常，郭先生反而在幾年後超越了黃先生，讓黃先生很不是滋味；黃先生過去的樂觀破滅，心裡受到了「估算錯誤」的打擊，同時也有了成就比較上的壓力，一時無法調適，所以和郭先生疏遠——少見面少生悶氣。

這種現象包含著嫉妒、羨慕的心理，基本上是屬於維護自我尊嚴的防衛性行為，但也有可能轉成攻擊性行為。

所以，當一個人突然其事業上走在同行的前面，第一個影響就是原來的朋友突然少了；不過，這些突然疏遠了的朋友也有可能在過一段時間之後和你重新建立關係——反正也比不上你，不如和你保持接觸，以免失去一條可貴的人脈。

女孩子也會有這種情形，而且可能表現得更為強烈，例如當某位女孩嫁給一位人人羨慕的對像，那麼她的「閨中密友」也有可能很快流失，因爲她們受不了她的「幸運」而生她的「悶氣」。

不過，這也是一件無可奈何的事，友情誠可貴，「成就」價更高，人與人之間本就來來去去，不必勉強，也勉強不得。

當然，如果你願意花點心力，以謙卑的態度、誠懇的心情主動來維繫友情，還是會有一點用的——其實他們等的就是你的這個動作，如果你能順便表現「並不如外人想像中的那麼好」，消消他們的「氣」，那麼就更好了。

2 不可鋒芒太露

想要在事業上一展才華的人，要記得時機沒有成熟之前，千萬別鋒芒太露。

「人不知，而不慍，不亦君子乎！」可見人不知我，心裡老大不高興，這是人之常情。尤其是年輕人，總是希望在最短時間內使人家知道你是個不平凡的人。要使人知道自己，當然先要引起大家的注意，要引起大家的注意，只有從言語行動方面著手，於是便容易露出言語鋒芒，行動鋒芒。

鋒芒是刺激大家最有效的方法，但若仔細觀察周圍已有相當處世經驗的同事，你就會發現他們與你完全相反。「和光同塵」毫無棱角，言語發此，行動亦然，個個深藏不露，看起來他們都像是庸才，誰知他們的才頗有位於你上者；好像個個都很訥言，誰知其中頗有善辯者；好像個個都無大志，誰知頗有雄才大略而願久居人下者。但是他們卻不肯在言語上露鋒芒，在行動上露鋒芒，這是什麼道理？

因爲他們有所顧忌，言語鋒芒，就會得罪旁人，被得罪了的旁人便成爲你的阻力，成爲你的破壞者；行動鋒芒，便要惹旁人的妒忌，旁人妒忌也會成爲你的阻力，成爲你的破壞者。你的四周，都是你的阻力或你的破壞者，在這種情形下，你的立足點都沒有了，哪裡還能實現你揚名立萬的目的？

陳先生在年輕時代以備有三種特長而自負：文章寫得過人，話說得過人，拳頭打得過人。在學校讀書時，已是一員狠將，不怕同學，不怕師長，以爲他們都不及他，初入社會，還是這樣的驕傲自負，結果得罪了許多人，不過，他覺悟很快，一經好友提醒，便連忙負荊請罪，倒是消除了不少的嫌怨。但是無心之過仍然難免，結果終究還是遭受了挫折。俗語說，久病成良醫，他在受足了痛苦的教訓後，才知道言行鋒芒太露，就是自己爲自己前途所安排的荊棘，有人爲了避免再犯無心之過，就故意效法金人之三緘其口，即使不能開口，也是多方審慎，雖然「矯枉者必過其正」，但是要掩蓋先天的缺點，就不能不如此。因此若聽見旁人說你世故人情太熟，做事過分小心，不但不要見怪，反而要感到高興才是。

當然也許你會說，採用這樣的辦法不是永遠無人知道嗎？其實只要一有表現本領的機會，把握這個機會，做出過人的成績來，大家自然就會知道。這種表現本領的機會，不怕沒有，只怕把握不牢，只怕做的成績不能使人特別滿意。你已有眞實的本領，就要留意表現的機會，沒有眞實的本領，就要趕快從事預備，《易經》上說：「君子藏器於身，待時而動。」無此器最難，有此器不患無此時。鋒芒對於你，只有害處，不會有益處，額上生角，必觸傷別人，你自己不把角磨平，別人必將力折你的角，角一旦被折，其傷害更多，而鋒芒就是人額頭上的角啊！

3 心安理得不煩惱

如果受人冷落，應重新審視自己的期望值，這樣就會使自己的心理恢復平靜，心安而理得，除去不必要的煩惱。

有一位司機開車送人去做客，主人熱情地把坐車的迎進，卻把司機忘了。開始司機有些生氣，繼而一想，在這樣多人的場合，主人疏忽是難免的，並不是有意看低自己，冷落自己。這樣一想氣也就消了。他悄悄地把車開到街上吃了飯。

等主人突然想起司機時，他已經吃了飯又把車停在門外了。主人感到過意不去，一再道歉。見狀，司機就說自己不習慣大場合，且胃不好，不能喝酒。這種大度和爲主人著想的精神使主人很感動。事後，主人又專門請司機來家做客，從此兩人關係不但沒受影響，反而更密切了。

由此可見，對於被人無意的冷落應採取理解和寬恕的態度。這種態度能感召對方改變態度，用實際行動糾正過失，使彼此關係得到發展。

對於有意的被人冷落，也要從視實際情況而給予恰當處理。一般來說，當眾冷落來賓是一種不禮貌行爲，而有意冷落別人則就是思想意識問題了。在這種情況下，予以必要的回擊，既是維護自尊的需要，也是刺激對方、批判錯誤的正當行爲。當然，回擊並不一定是一直指責對方。理智的回敬是最理想的方法。比如，譏諷性幽默就是很好的一種。

在這樣一個例子：一天，納斯列金穿著舊衣服去參加宴會。他走進門時，沒有人理睬他，更沒人幫他安排座位。於是，他回到家裡，換上最好的衣服之後，又來到宴會上。此時，主人馬上走過來迎接他，爲他安排了一個好位子。

納斯列金把他的外套脫下來，放在餐桌上說：「外套，吃吧。」

主人要感到奇怪，問：「有什麼問題嗎？」

他答道：「我在招待我的外套吃東西。你們的食物，不是給衣服吃的嗎？」

主人的臉刷的紅了。他巧妙地把窘迫還給了冷落他的主人。

還有一種方式，就是對有意冷落自己的行爲持不在乎的態度，以此自我解脫。有時候，對方冷落你是爲了激怒你，使你遠離他，而遠離又不是你的意願和選擇。

這時，聰明的人會採取不在意的態度，「厚臉皮」地面對冷落，我行我素，以熱報冷，以有禮對無禮，從而迫使對方改變態度。

比如：一個老太太看不上女兒的男朋友，每次來她都不愛搭理，還會講難聽的話。對此，男孩子並不計較，照樣以笑臉相迎，彬彬有禮，該幫忙的事照樣幫忙，最後終於以自己的言行使未來的岳母轉變了態度。

4 收買是溝通的橋樑

吃人的嘴軟，拿人的手軟。如果不想聽命於他人，就不要收受對方任何好處，否則你的意志力會動搖。

小娟的工作單位來了一位新的主管，不知是對舊主管還存著一種懷念，還是這位新主管長得不高也不帥，小娟對他始終沒有好感。其實對這新主管沒有好感的並不只小娟一個，包括兩位男孩子，幾乎整組的同事都「不喜歡」這位新主管。可是又不可能把他趕走，自己也不可能調職……

怎麼辦呢？小娟有點擔心。

有一天，也就是新主管到任的第二個星期三，新主管宣佈請大家吃飯，說是要「大家彼此熟悉熟悉」。這種餐會是沒有理由拒絕的，小娟雖然不太樂意，還是去吃了這頓飯。席間，這新主管有說有笑，大家吃得很高興。小娟開始覺得，新主管也滿可愛的，其他同事也有同樣的感覺……。一頓飯，就化解了隔閡，眞奇妙！

這位新主管可以說對人性已有相當的了解，所以不費吹灰之力就解決了他的困擾。雖然是尋常飯局，但從邀請到進行，都包含著許多値得玩味的意義。

一、從同仁的是否接受邀請，可以看出同仁是否「接納」他。這種邀請不是命令，但在領導統御及人際互動上，已具有和「命令」差不多的作用，這是任何人都懂的行爲語言，因此絕少人會「藉故」不去。

二、飯桌是很好的，可以彼此拉近距離的場合，這位新主管在飯桌上，放下架子，顯露他的親和力，讓同仁們認識他「眞實」的一面，並製造出他和同仁們在尊嚴上的「對等、平行」。這種動作一般來說，有相當良好的效果。

三、食衣住行，民以食爲天，沒得吃就沒得活，所以人類的歷史就是一部「求吃」的生存的歷史。上古人類「求吃」以生存，現代人也是如此。固然現代人的行爲有超越單純「吃」的意義，但「吃」還是人一天二十四小時的生活基調。而「吃」是要付代價的，因此對於求生存一說，吃也是一種壓力，因此當有人「免費」提供你「吃」，暫時或長期免除你這種壓力，享受這免費的「吃」的人，就會產生一種被「養眷」的行爲制約，因而改變自己對對方的立場和看法。這種情形，說得抽象一點就是遠古時代人類對求生存殘存的記憶，說得更明白具體一些，就是「吃人嘴軟」，而越是吃得豐盛，越有這種效果。當然，並不是說請人吃飯就可達到目的，但對於雙方關係的增進，是有其人性的根據的，所以全世界的人都喜歡在餐桌上溝通，有的先吃後說，有的先說後吃，有的則邊吃邊說。所以有的人說，把對方腸胃搞定，事情已成功了一半。小娟他們就是在這種情形之下，對新來的主管改變印象的。

除了吃之外，收受金錢、禮物也具有和「吃」同樣的效果，「拿人手短」是也！所以公關人員、新聞記者、訪客都要又請吃飯送禮物，有沒有效？當然有效！這道理和「吃」完全一樣。

事實上，一頓飯、一份小禮物，價值也不可能太高，可是吃了、拿了，自己的判斷和態度就會產生變化，就是這麼奇妙。

5 和不喜歡的人合作

這世界是個大家庭，不能僅靠一個人的能力去完成，還需要人與人之間的相互幫忙才能辦成人生的大事情。

學會和不喜歡的人相處合作，是一種技巧。人的某種本能趨勢就是與自己喜歡、欣賞的人靠近，同樣也就遠遠的躲開那些自己不喜歡、不願意打交道的人。然而，生活中並不能讓我們那麼隨心所欲，由於各式各樣的原因，我們經常要與自己不喜歡的人，甚至是與自己敵對的人打交道，這就需要用到一些技巧——用眞誠的態度對待每一個人，包括你不喜歡的人。

當遇到與我們意見不一致的人時，應該怎麼做呢？

哈蒙曾被譽爲全世界最偉大的礦產工程師，他從名校耶魯大學畢業後，又在德國佛萊堡攻讀了三年。畢業回國後他去找美國西部礦業主哈斯托。哈斯托是個脾氣執拗、注重實踐的人，他不太信任那些文質彬彬、專講理論的礦務工程技術人員。

當哈蒙向哈斯托求職時，哈斯托說：「我不喜歡你的理由就是因爲你在佛萊堡做過研究，我想你的腦子裡一定裝滿了一大堆傻子般的理論。因此，我不打算雇用你。」

於是，哈蒙假裝膽怯，對哈斯托說道：「如果您不告訴我的父親，我將告訴您一句實話。」哈斯托表示他可以守約。哈蒙便說道：「其實在佛萊堡時，我並沒有學到什麼學問，我盡顧著工作，多賺點錢，多累積點實務經驗。」

哈斯托立即哈哈大笑，連忙說：「好！這很好！我就需要你這樣的人，那麼，你明天就來上班吧！」

在某些情況下，別人所爭論不休的論點，對自己來講反而不那麼重要。

比如，哈蒙從哈斯托口中得來的偏見，這時，我們所需要的不是去斤斤計較，而是尊重他的意見，維護他的「自尊心」而已。

敏銳的人在對付反對意見時常常儘量使自己做些「小讓步」。每當一個爭執發生的時候，他們總是在心裡盤算著：關於這一點能否作一些讓步而不損害大局呢？因此，無論在什麼時候，應付別人反對的唯一的好方法，就是在小的地方讓步，以保證大的方面取勝。另外，在有些場合，應該將你的意見暫時收回。

在洛克菲勒的軼事中，曾有一位不速之客突然闖入他的辦公室，直奔他的辦公桌，並以拳頭猛擊桌面，大發雷霆：「洛克菲勒，我恨你！我有絕對的理由恨你！」接著那名不速之客恣意謾罵他達十分鐘之久。辦公室所有職員都感到無比氣憤，以為洛克菲勒一定會拿起墨水瓶向他扔去，或是吩咐保全將他趕出去。然而，出乎意料的是，洛克菲勒並沒有這樣做。他停下手中的事，和善的注視著這一位攻擊者，那人越暴躁，他便顯得越和善！

那無理之徒覺得莫名其妙，之後，漸漸的平息下來。因為一個人發怒時，若沒有遭到反擊，是堅持不了多久的。於是，他吸了一口氣。原本，他是做好來此與洛克菲勒鬥爭的準備，並想好了洛克菲勒將會如何回擊他，他再用想好的話語去反駁。但是，洛克菲勒就是不開口，所以他不知如何是好。

接著，他又在洛克菲勒的桌上敲了幾下，仍然得不到回應，只得索然無味的離去。洛克菲勒呢？就像根本沒發生任何事一樣，重新拿起筆，繼續他的工作。

不理睬他人對自己的無禮攻擊，便是給他最嚴厲的迎頭痛擊！成功者每戰必勝的原因，就是當對手急不可耐時，他們依然故我，顯得相當冷靜與沉著。

當然，如果你眞的不幸遇上了非常討厭的人，在涉及到原則性的問題時，建議你還是向下文中的林肯總統學習。

有一次，林肯的辦公室突然闖進一位來求職的人，這人連日來訪已有幾個星期了。他來後照樣提出了老問題，要求總統給他一個職位。林肯總統說：「親愛的朋友，這是沒有用的。我已經說過了，我不能給你那個職位。我想你還不如立刻回去的好。」

那人聽了以後變得惱羞成怒，很不客氣的大聲說：「那麼，總統先生，我知道您是不肯幫我忙！」眾所皆知，林肯總統的良好修養與忍耐力是著名的，但此時他眞的無法再忍受了。他對那人注視良久，然後從容的從椅子上站起來，走到那人的身邊，一把揪住他的衣領，拉到門外，然後重重的將門關上。

那人又推開門，大聲吼道：「把證書還給我！」林肯從桌子上拿起了他的證書，走到門口，猛地一擲，再次把門關上，回到原位。對此事的處理，總統在當時以及事後始終沒有說一句話。

作爲一個極爲謙和的一國之首，在必要的時候終於生氣了。因爲此人確實是個無賴，根本不值得林肯運用其他的策略。但凡領袖人物，無一不精通全盤戰略。明槍暗箭、冷嘲熱諷，甚至在一定的狀態下動武，無所不能。他們知道每個將才在必要的時候應該有自衛的舉動，必須挺身而出！我們每個人也一樣，不僅要行使我們自己的權利，更要維護自己的尊嚴。

6 不吝提出忠告

有時候，適當地說些中肯的話，說些與眾不同的話，可能會改變他人的人生，因爲他可能需要切中要害式的關心，如同他需要空氣。

在目前的社會，除非是不得已，很少有人願意去指責他人，大家彼此互相縱容，即使看到他人不當的行爲，也都裝作視若無睹的樣子。

令人費解的是，有的人好像如不受他人的指責，身心就會感到不安，甚至希望別人來管束他。或許這是一種「求救於他人」的證據，這時我們就不應該袖手旁觀，要運用適當的方法來幫助他。

有一位先生是個薪水階層的職員，不但做事不負責，而且經常藉故請假，同事都稱他是個「領乾薪」。

有一天，他接到上司寄來的信，信上說：

「我一直以溫和的態度對待你，凡事都抱著得饒人處且饒人的觀念來處理，事實證明，我這種做法錯了！如果我再不糾正你這種不敬業的精神，不但對公司不利，對你自己也有害處。

你今天的態度根本不忠於自己，對人生也缺思量。每個人的心中固然都隱藏著煩惱和悲哀，但你卻一味逃避現實，每天自甘墮落。這種鬆散的態度可以偶爾爲之，不過，人生並不是這麼簡單的，如果長此下去，不久你就會發現，你已經被自己、朋友和社會拋棄了。

即使你對於這份工作不滿意，不想做也沒關係，但是，千萬不要悲歎自己的不幸，不要歸咎他人，不要埋怨社會上缺少人情味，不論面臨什麼困境，都不要存有依賴他人的心理。人生總有許多不如意的時候，不要怨天尤人。人生是孤獨的，你要牢記，在這個世界上，除了自己以外，一切都不可靠。

上面這些話即使我不說，相信你也一定明白，但我若不將它說出來，心裡會一直過意不去，因此，我才寫了這封信給你。你心裡也許也有許多話要說，如果你願意，可以把你心中的困擾告訴我，不論什麼時候，都歡迎你來找我，或者打一通電話過來。

我給你十天的期限，在這段期間，如果你能改過，我將以三顧茅廬之禮歡迎你，要是過了十天，你仍然沒有回答我，還是過著自欺欺人的生活，我就不需要你回公司了。你可以到你要去的地方，做你要做的事，我在此靜候你的回音。」

看完信後，他才發現世界上竟然有人這麼關心他，不禁痛哭失聲。從此以後，他在態度上有了很大的轉變，和以前簡直判若兩人。

有資格教訓別人的人，應該要先懂得鞭策自己，惟有以責罵自己的心理來指責他人，才能中肯見效，否則對方必定聽不入耳。

7 給對方留餘地

在斥責別人時，只要使對方認識到自己的錯誤即可，切不可揪住別人的小辮子不放，要牢記：得饒人處且饒人，凡事都留有餘地。

俗話說：「狗急跳牆。」國外有句相同的諺語：「走投無路的老鼠會咬貓。」老鼠無論如何也鬥不過貓，但是在情勢所逼，走投無路時，也可能拚命決一死戰，給予貓意想不到的反擊。

人類也有這樣的情形。有人喜歡對他人無止盡的追問，於是被追問者爲了保護自己，往往會絞盡腦汁地辯駁、反擊，而無深思反省的餘地。再者，無論是什麼人都難免有些缺點，如果辦事說話喜歡窮追不捨，緊逼不放，對方在情急之下，極有可能反咬你一口，從而造成雙方僵持不下的尷尬局面。

吳先生是位熱心於教育的人士，目前擔任某局的局長，雖然年逾半百，但是每天早晨仍然會和其他同事一起跑步，其精力之充沛決不亞於年輕人。

一天早晨，天空正下著毛毛細雨，同事們不知是否仍要跑步，於是向吳先生詢問。吳先生說：「如此小雨，照做不誤。」此時，其中有一位年輕人輕聲地咕噥一句：「要做你自己去做好了。」不料這話被吳先生聽到了，於是喝斥道：你說什麼？在大家面前再說一遍！」吳先生的怒斥使這位年輕人緊張萬分，但是吳先生對此並沒有深究。這位年輕人是個不滿現實、喜愛製造事端的人，平常即不受大家歡迎，吳先生的斥責使得其他人覺得非常痛快，認爲他是罪有應得，而且對這位局長的作風深感佩服，從此之後，所有的辦事員和科員都愈發尊重吳先生了。

當斥責時，不用客氣留情，但是必須適度，在斥責之後必須給予無限的信任和關懷，並伸出援手，使他改正錯誤，而不是一味追究責罵，從此戴上「有色眼鏡」，一棍子把人家打死，使他受到最徹底的傷害，這是最愚蠢的人才會採取的笨拙方法。

8 替下屬擔責任

一味埋怨下屬，推卸責任的上司，也只會令更高層級的上司反感。所以說，一方面與下屬一起承認錯誤，體現出應有的風度；另一方面，即使有其他人諸多是非，也應站在下屬一邊。替他人擋駕的上司，也是最會收攬人心、最有人緣的上司。

「一切責任在我。」一九八〇年四月，在營救駐伊朗的美國大使館人質的作戰計畫失敗後，當時的美國總統吉米．卡特立即在電視機裡做了如上聲明。

在此之前，美國人對卡特的評價並不高。有人甚至評價他是「誤入白宮的歷史上最差勁的總統」，但僅僅由於上面的那一句話，支持卡特的人居然驟增了百分之十以上。

做下屬的最擔心的就是做錯事，尤其是費了九牛二虎之力後卻依然闖了大禍的事，因為隨之而來的便是懲罰問題、責任問題；而生活原本就是一連串的過失與錯誤，再仔細、再聰明的人也有陰溝翻船的時候。可翻了自己的小船便也罷了，而一旦不小心捅漏了多人共同謀生的大船，也就眞有可能弄個「吃不了兜著走」的下場。因此，沒有哪個人不害怕擔責任的。

試想有一天你不幸闖了大禍，如驚弓之鳥般向上司報告之後，憂心忡忡地挨到第二天，坐到了那個如同「公審大會」的會場上「聽候發落」的時候，上司竟如卡特總統般眾目睽睽之下擲地有聲地來了句：「一切責任在我！」那該是何種心境？卡特總統的例子充分說明，下屬及群眾對一個上司者的評價，往往決定於他是否有責任感。

但事實上，要像卡特那樣大難即將臨頭還能聲明「一切責任在我」並不容易。大多數上司在處理下屬乃至自己本人的失誤和錯事的時候，總是想提出各種理由為自己開脫，惟恐遭到連累，引火焚身。卻殊不知既是他人的「上司」，那麼下屬犯錯，即等於是自己的錯，起碼是犯了監督不力和委託非人的錯誤。何況上司的責任之一，就是教導下屬如何做事。

所以，懂得如何收攬人心的上司，在下屬闖禍之後，首先會冷靜地檢討一番自己，然後將他叫來，心平氣和地分析整個事件，告訴他錯在何處，最後重申他的宗旨——每一個下屬做事都該全力以赴，漫不經心、應付差事是要受懲罰的。當然，還要讓他明白，無論如何，自己永遠是他們的後衛。

那種不分清紅皀白，無論下屬的過錯是否與自己有關都大發雷霆，不時強調「我早就告訴你要如何如何」或「我哪裡管得了那麼多」之類言語的上司們，不僅使下屬更不敢於正視問題，不再感到絲毫內疚，而且避免不了日後同這種上司大鬧情緒，甚至永遠不可能再擁戴他。

不僅當面要給上司面子，而且任何時候，任何場合都給上司面子，這不是奉承，而是表裡一致，言行一致，誰能保證這是不是他故意的一種安排呢？

9 為上司做面子

下屬要得到上司的欣賞，不僅要善於在工作中和上司相處，還要善於在一些特殊的場合表現出自己的才能和優勢。

李經理是一個象棋迷。每到午休的時候，他總要拉上老王殺一兩盤。一來是老王的象棋下得不錯，二來也是一種緊張工作之餘的一種調劑。可是，老王卻並不太願意與李經理下棋。其原因是李經理的棋藝實在是不算高明，和他在一塊兒下棋，根本沒有什麼意思。要是眞正使出眞本事，李經理根本無還手之力，准得回回輸。可要是讓他幾招，自己又覺得乏味，人家也說不定會說自己拍馬屁，討上司的好。無奈，他只得採取一種折中的方式，有時贏他，有時也輸幾盤。

有些上司屬於爭強好勝一類的人，你則要讓著一點，對這種上司最好的方式是不要在一起娛樂。另外，有時上司跑來娛樂則是出於另一種目的，他可能是工作中有些不順心，也可能是受到其上司的批評，正悶著一肚子氣，想找種方式調劑一下。在這種情況下，其形象和態度都會有些反常。如果是這樣，出於對上司的體諒與幫助，則應該客氣一些，作出一些必要的讓步，使其能夠在娛樂中得到某種放鬆和調整。

儘管是客客氣氣地與上司在一起娛樂，或作出某些讓步，你也得有一定的、適當的方式。即在形式上仍然是認眞的，不客氣的，最好是讓其不覺察出你在讓他，使之感到是憑自己的眞本事獲勝。這樣，便可以獲得更好的效果。

任何上司都會有這樣或那樣的缺點，而有些人也總愛在背地裡議論或埋怨上司，並說一些當面不說的話。在遇到這種情況時，假如你也有同樣的看法，要不要附和呢？要是不附和，不予答理，可能會遭致人家的閒話，說你膽小鬼，馬屁蟲，沒有一點個性等等；要是附和了，萬一被上司知道，那也沒有好處，現實生活中常常有這樣的事：有些人在背地裡對上司評頭論足，說三道四。可是，他又常常回過頭去向別人和領導把你的附和添油加醋地說一番，弄得你非常難堪。

對待這樣的情況，最好是不要去附和。特別是對那些好搬弄是非的人，更應該敬而遠之。如果他非找到你說這些話，也可以扯開話題，或來一個環顧左右而言他，甚至是乾脆就用一些中性的，誰也不知道究竟是什麼意思的「嗯，嗯」來對待。在現實生活中，儘管人們對上司會有各種各樣不同的看法，但如果是背地的議論，卻肯定又是帶有個人的利益取向。由於每個人的利益取向不一致，每個人對上司的期望和要求也不一致，所以，當別人議論上司時，你大可不必去附和，否則很容易成為某些人的工具，被別人當槍使。

10 上司間的矛盾互不得罪

把事情做好是最主要的，處理關係放其次，但最好對他們互不得罪。

老闆和主管之間，主管和主管之間，主管和同事之間，有些工作上的矛盾是正常現象。如果你在這些矛盾衝突中，只對一方負責，就未免患了「近視眼」，這是典型的「短期行爲」。在古代封建社會，有「一損俱損，一榮俱榮」的現象。這種情況如果發生在今天，當然是不正常的，但是，應注意的是，如果你陷於一種矛盾漩渦中不能自拔，不是妥善地、兼顧地去處理各種關係，而是「剃頭的挑子一頭熱」，那麼一旦情況發生了變化，你就會失去了自己的優越點。

上司之間常常會出現這樣或那樣的矛盾和衝突，在這種情況下，當下屬的可就犯難了。有時你和這位上司親密一點，又怕惹惱了另一位上司；你要與另一位上司接觸多一點，又怕開罪這一位，總之，這種狀況使得下屬左右爲難。特別是那些在工作中不得不經常與領導打交道的人，更是不便開展工作，在這種情況下，要不要保持中立的態度呢？從而儘量做到左右逢源，兩邊都不得罪。

一般而言，採取中立的態度是可取的。也就是說，進行一種等距離的工作方式，跟誰都不過分密切。或者說，完全從一種純工作的角度著想，沒事儘量少與上司們打交道。特別要注意不讓其中一個上司認爲你是另一個上司的人。

但是，在現實的工作中，想要完全採取這樣一種純粹中立的工作方式往往是比較困難的。這裡有這樣幾種情況。其一，可能你過去就與某一位上司關係比較好，來往也比較多。後來，新的上司來了之後，與已經在位的上司發生矛盾。此時，你就不好辦了。因爲，如果你還是採取一種中立的態度，在客觀上等於是與原上司疏遠了。這樣，他很可能會認爲你是不值得信任的，從而對你產生種種看法。其二，有些上司們在彼此發生衝突的情況下，都想拉攏一些人，建立自己的隊伍，他往往會在周圍的人中間選擇他認爲信得過的人。當他找到你的時候，可你又以一種中間人的態度對待他，由此也可能會產生不好的後果。其三，兩邊不得罪，都往往會形成兩邊都得罪的結果。特別是在一些有直接利害衝突的事情上，你如果完全採取一種與我無關的態度，實際上等於是放棄了機會，也使得上司們都不喜歡你。

最好的方式是一切從工作出發，該怎麼樣就怎麼樣。爲了工作，應該多與誰接觸，就毫無顧忌地來往，用不著擔心另一位上司的看法。這樣，你的所作所爲便顯得自然大方。另外，對這樣的上司，工作之外的接觸盡可能少，與工作無關的話題盡可能少。

職場AQ—激化你的工作DNA

作　　者　孫廣春

發 行 人　林敬彬
主　　編　楊安瑜
統籌編輯　蔡穎如
責任編輯　汪　仁
美術編排　李坤城
封面設計　曾竹君

出　　版　大都會文化事業有限公司　行政院新聞局北市業字第89號
發　　行　大都會文化事業有限公司
110台北市基隆路一段432號4樓之9
讀者服務專線：(02)27235216
讀者服務傳真：(02)27235220
電子郵件信箱：metro@ms21.hinet.net
網　　　　址：www.metrobook.com.tw

郵政劃撥　14050529 大都會文化事業有限公司
出版日期　2007年10月初版一刷
定　　價　220元

ISBN　978-986-6846-16-8
書　　號　Success-026

Metropolitan Culture Enterprise Co., Ltd.
4F-9, Double Hero Bldg., 432, Keelung Rd., Sec. 1,
Taipei 110, Taiwan
TEL:+886-2-2723-5216 FAX:+886-2-2723-5220
e-mail:metro@ms21.hinet.net
Web-site:www.metrobook.com.tw

大都會文化
METROPOLITAN CULTURE

國家圖書館出版品預行編目資料

職場AQ–激化你的工作DNA / 孫廣春 著
--初版.--臺北市 ： 大都會文化, 2007[民96]
面： 公分.--(Success：26)
ISBN 978-986-6846-16-8(平裝)
1.職場成功法

494.35　　96014617

大都會文化圖書目錄

●度小月系列

路邊攤賺大錢【搶錢篇】	280元	路邊攤賺大錢2【奇蹟篇】	280元
路邊攤賺大錢3【致富篇】	280元	路邊攤賺大錢4【飾品配件篇】	280元
路邊攤賺大錢5【清涼美食篇】	280元	路邊攤賺大錢6【異國美食篇】	280元
路邊攤賺大錢7【元氣早餐篇】	280元	路邊攤賺大錢8【養生進補篇】	280元
路邊攤賺大錢9【加盟篇】	280元	路邊攤賺大錢10【中部搶錢篇】	280元
路邊攤賺大錢11【賺翻篇】	280元	路邊攤賺大錢12【大排長龍篇】	280元

●DIY系列

路邊攤美食DIY	220元	嚴選台灣小吃DIY	220元
路邊攤超人氣小吃DIY	220元	路邊攤紅不讓美食DIY	220元
路邊攤流行冰品DIY	220元	路邊攤排隊美食DIY	220元

●流行瘋系列

跟著偶像FUN韓假	260元	女人百分百—男人心中的最愛	180元
哈利波特魔法學院	160元	韓式愛美大作戰	240元
下一個偶像就是你	180元	芙蓉美人泡澡術	220元
Men力四射—型男教戰手冊	250元	男體使用手冊—35歲$^+$⇳保健之道	250元
想分手？這樣做就對了	180元		

●生活大師系列

遠離過敏—打造健康的居家環境	280元	這樣泡澡最健康—紓壓・排毒・瘦身三部曲	220元
兩岸用語快譯通	220元	台灣珍奇廟—發財開運祈福路	280元
魅力野溪溫泉大發見	260元	寵愛你的肌膚　從手工香皂開始	260元
舞動燭光—手工蠟燭的綺麗世界	280元	空間也需要好味道—打造天然相氛的68個妙招	260元
雞尾酒的微醺世界—調出你的私房Lounge Bar風情	250元	野外泡湯趣—魅力野溪溫泉大發見	260元
肌膚也需要放輕鬆—徜徉天然風的43項舒壓體驗	260元	辦公室也能做瑜珈—上班族的紓壓活力操	200元
別再說妳不懂車—男人不教的Know How	249元	一國兩字—兩岸用語快譯通	200元
宅典	288元		

●寵物當家系列

Smart養狗寶典	380元	Smart養貓寶典	380元
貓咪玩具魔法DIY—讓牠快樂起舞的55種方法	220元	愛犬造型魔法書—讓你的寶貝漂亮一下	260元
我的陽光・我的寶貝—寵物眞情物語	220元	漂亮寶貝在你家—寵物流行精品DIY	220元
我家有隻麝香豬—養豬完全攻略	220元	Smart 養狗寶典（平裝版）	250元
生肖星座招財狗	200元	Smart 養貓寶典（平裝版）	250元
Smart 養兔寶典	280元	Smart 熱帶魚寶典	350元

●人物誌系列

現代灰姑娘	199元	黛安娜傳	360元
船上的365天	360元	優雅與狂野—威廉王子	260元
走出城堡的王子	160元	殤逝的英格蘭玫瑰	260元
貝克漢與維多利亞 —新皇族的眞實人生	280元	幸運的孩子 —布希王朝的眞實故事	250元
瑪丹娜—流行天后的眞實畫像	280元	紅塵歲月—三毛的生命戀歌	250元
風華再現—金庸傳	260元	俠骨柔情—古龍的今生今世	250元
她從海上來—張愛玲情愛傳奇	250元	從間諜到總統—普丁傳奇	250元
脫下斗篷的哈利—丹尼爾·雷德克里夫	220元	蛻變—章子怡的成長紀實	260元
強尼戴普 —可以狂放叛逆，也可以柔情感性	280元	棋聖 吳清源	280元

●心靈特區系列

每一片刻都是重生	220元	給大腦洗個澡	220元
成功方與圓—改變一生的處世智慧	220元	轉個彎路更寬	199元
課本上學不到的33條人生經驗	149元	絕對管用的38條職場致勝法則	149元
從窮人進化到富人的29條處事智慧	149元	成長三部曲	299元
心態 —成功的人就是和你不一樣	180元	當成功遇見你 –迎向陽光的信心與勇氣	180元
改變，做對的事	180元	智慧沙	199元
課堂上學不到的100條人生經驗	199元	不可不防的13種人	199元
不可不知的職場叢林法則	199元	打開心裡的門窗	200元
不可不慎的面子問題	199元	交心—別讓誤會成爲拓展人脈的絆腳石	199元
方圓道	199元		

●SUCCESS系列

七大狂銷戰略	220元	打造一整年的好業績—店面經營的72堂課	200元
超級記憶術 —改變一生的學習方式	199元	管理的鋼盔 —商戰存活與突圍的25個必勝錦囊	200元
搞什麼行銷 —152個商戰關鍵報告	220元	精明人聰明人明白人 —態度決定你的成敗	200元
人脈=錢脈 —改變一生的人際關係經營術	180元	搜精・搜驚・搜金 —從Google的致富傳奇中，你學到了什麼？	199元
搶救貧窮大作戰の48條絕對法則	220元	週一清晨的領導課	160元
殺出紅海 —漂亮勝出的104個商戰奇謀	220元	客人在哪裡？ —決定你業績倍增的關鍵細節	200元
絕對中國製造的58個管理智慧	200元	商戰奇謀36計—現代企業生存寶典	180元
商戰奇謀36計—現代企業生存寶典II	180元	商戰奇謀36計—現代企業生存寶典III	180元
幸福家庭的理財計畫	250元	巨賈定律— 商戰奇謀36計	498元
有錢眞好！—輕鬆理財的10種態度	200元	創意決定優勢	180元
我在華爾街的日子	180元	贏在關係—勇闖職場的人際關係經營術	180元

買單！一次就搞定的談判技巧	199元	你再說什麼？ 39歲前一定要學會的66種溝通技巧	220元
與失敗有約－13張讓你遠離成功的入場券	220元	職場AQ－激化你的工作DNA	220元
●都會健康館系列			
秋養生－二十四節氣養生經	220元	春養生－二十四節氣養生經	220元
夏養生－二十四節氣養生經	220元	冬養生－二十四節氣養生經	220元
春夏秋冬養生套書	699元	寒天－0卡路里的健康瘦身新主張	200元
地中海纖體美人湯飲	220元	居家急救百科	399元
●CHOICE系列			
入侵鹿耳門	280元	蒲公英與我－聽我說說畫	220元
入侵鹿耳門（新版）	199元	舊時月色（上輯＋下輯）	各180元
清塘荷韻	280元	飲食男女	200元
●FORTH系列			
印度流浪記－滌盡塵俗的心之旅	220元	胡同面孔－古都北京的人文旅行地圖	280元
尋訪失落的香格里拉	240元	今天不飛－空姐的私旅圖	220元
紐西蘭奇異國	200元	從古都到香格里拉	399元
馬力歐帶你瘋台灣	250元	瑪杜莎豔遇鮮境	180元
●大旗藏史館			
大清皇權遊戲	250元	大清后妃傳奇	250元
大清官宦沈浮	250元	大清才子命運	250元
開國大帝	220元	圖說歷史故事－先秦	250元
圖說歷史故事－秦漢魏晉南北朝	250元	圖說歷史故事－隋唐五代兩宋	250元
圖說歷史故事－元明清	250元		
●大都會運動館			
野外求生寶典－ 活命的必要裝備與技能	260元	攀岩寶典－ 安全攀登的入門技巧與實用裝備	260元
風浪板寶典－ 駕馭的駕馭的入門指南與技術提升	260元	登山車寶典－ 鐵馬騎士的駕馭技術與實用裝備	260元
●大都會休閒館			
賭城大贏家－逢賭必勝祕訣大揭露	240元	旅遊達人－行遍天下的109個 Do & don't	250元
萬國旗之旅－輕鬆成為世界通	240元		
●FOCUS系列			
中國誠信報告	250元	中國誠信的背後	250元
誠信	250元		
●禮物書系列			
印象花園 梵谷	160元	印象花園 莫內	160元
印象花園 高更	160元	印象花園 竇加	160元
印象花園 雷諾瓦	160元	印象花園 大衛	160元
印象花園 畢卡索	160元	印象花園 達文西	160元
印象花園 米開朗基羅	160元	印象花園 拉斐爾	160元
印象花園 林布蘭特	160元	印象花園 米勒	160元

絜語說相思 情有獨鍾	200元		

●工商管理系列

二十一世紀新工作浪潮	200元	化危機爲轉機	200元
美術工作者設計生涯轉轉彎	200元	攝影工作者快門生涯轉轉彎	200元
企劃工作者動腦生涯轉轉彎	220元	電腦工作者滑鼠生涯轉轉彎	200元
打開視窗說亮話	200元	文字工作者撰錢生活轉轉彎	220元
挑戰極限	320元	30分鐘行動管理百科（九本盒裝套書）	799元
30分鐘教你自我腦內革命	110元	30分鐘教你樹立優質形象	110元
30分鐘教你錢多事少離家近	110元	30分鐘教你創造自我價值	110元
30分鐘教你Smart解決難題	110元	30分鐘教你如何激勵部屬	110元
30分鐘教你掌握優勢談判	110元	30分鐘教你如何快速致富	110元
30分鐘教你提昇溝通技巧	110元		

●精緻生活系列

女人窺心事	120元	另類費洛蒙	180元
花落	180元		

●CITY MALL系列

別懷疑！我就是馬克大夫	200元	愛情詭話	170元
唉呀！眞尷尬	200元	就是要賴在演藝圈	180元

●親子教養系列

我家小孩愛看書一Happy學習easy go！	220元	天才少年的5種能力	280元
孩童完全自救寶盒（五書+五卡+四卷錄影帶）			3,490元（特價2,490元）
孩童完全自救手冊一這時候你該怎麼辦（合訂本）			299元
哇塞！你身上有蟲！學校忘了買，老師不敢教，史上最髒科學書			250元

●大都會手作館

樂活，從手作香皀開始	220元	Home Spa & Bath玩美女人肌膚的水嫩體驗	250元

●BEST系列

人脈=錢脈一改變一生的人際關係經營術（典藏精裝版）	199元
超級記憶術一改變一生的學習方式	220元

◎關於買書：

1、大都會文化的圖書在全國各書店及誠品、金石堂、何嘉仁、搜主義、敦煌、紀伊國屋、諾貝爾等連鎖書店均有販售，如欲購買本公司出版品，建議你直接洽詢書店服務人員以節省您寶貴時間，如果書店已售完，請撥本公司各區經銷商服務專線洽詢。

北部地區：(02)29007288 桃竹苗地區：(03)2128000 中彰投地區：(04)27081282

雲嘉地區：(05)2354380 臺南地區：(06)2642655 高雄地區：(07)3730079

屏東地區：(08)7376441

2、到以下各網路書店購買：

大都會文化網站 (http://www.metrobook.com.tw)

博客來網路書店 (http://www.books.com.tw)

金石堂網路書店 (http://www.kingstone.com.tw)

3、到郵局劃撥：

戶名：大都會文化事業有限公司　帳號：14050529

4、親赴大都會文化買書可享8折優惠。

大都會文化　讀者服務卡

書名：**職場AQ—激化你的工作DNA**

謝謝您選擇了這本書！期待您的支持與建議，讓我們能有更多聯繫與互動的機會。
日後您將可不定期收到本公司的新書資訊及特惠活動訊息。

A. 您在何時購得本書：_____年_____月_____日

B. 您在何處購得本書：__________書店，位於__________(市、縣)

C. 您從哪裡得知本書的消息：
1.□書店　2.□報章雜誌　3.□電台活動　4.□網路資訊
5.□書籤宣傳品等　6.□親友介紹　7.□書評　8.□其他

D. 您購買本書的動機：（可複選）
1.□對主題或內容感興趣　2.□工作需要　3.□生活需要
4.□自我進修　5.□內容為流行熱門話題　6.□其他

E. 您最喜歡本書的：（可複選）
1.□內容題材　2.□字體大小　3.□翻譯文筆　4.□封面　5.□編排方式　6.□其他

F. 您認為本書的封面：1.□非常出色　2.□普通　3.□毫不起眼　4.□其他

G. 您認為本書的編排：1.□非常出色　2.□普通　3.□毫不起眼　4.□其他

H. 您通常以哪些方式購書：(可複選)
1.□逛書店　2.□書展　3.□劃撥郵購　4.□團體訂購　5.□網路購書　6.□其他

I. 您希望我們出版哪類書籍：（可複選）
1.□旅遊　2.□流行文化　3.□生活休閒　4.□美容保養　5.□散文小品
6.□科學新知　7.□藝術音樂　8.□致富理財　9.□工商企管　10.□科幻推理
11.□史哲類　12.□勵志傳記　13.□電影小說　14.□語言學習（____語）
15.□幽默諧趣　16.□其他

J. 您對本書(系)的建議：

K. 您對本出版社的建議：

讀者小檔案
姓名：____________性別：□男　□女　生日：____年____月____日
年齡：1.□20歲以下 2.□21—30歲 3.□31—50歲 4.□51歲以上
職業：1.□學生 2.□軍公教 3.□大眾傳播 4.□服務業 5.□金融業 6.□製造業
7.□資訊業 8.□自由業 9.□家管 10.□退休 11.□其他
學歷：□國小或以下 □國中 □高中／高職 □大學／大專 □研究所以上
通訊地址：________________________
電話：（H）____________（O）____________傳真：____________
行動電話：____________E-Mail：____________
◎謝謝您購買本書，也歡迎您加入我們的會員，請上大都會文化網站www.metrobook.com.tw
登錄您的資料，您將會不定期收到最新圖書優惠資訊及電子報。

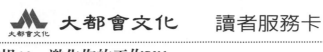

廣　告　回　函
北區郵政管理局
登記證北台字第9125號
免　貼　郵　票

大都會文化事業有限公司
讀 者 服 務 部　　收

110台北市基隆路一段432號4樓之9

寄回這張服務卡〔免貼郵票〕
您可以：
◎不定期收到最新出版訊息
◎參加各項回饋優惠活動

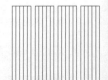

職場AQ—
激化你的工作DNA

大都會文化
METROPOLITAN CULTURE

大都會文化
METROPOLITAN CULTURE